果 物 お し ゃ れ ク ッ キ ン グ

簡単おすすめ105のレシピ

領家彰子

三一書房

はじめに

　「まるくて甘くて酸味があって、いつも食べたいものなーんだ?」と聞いたとき、若い人なら「く・だ・も・の!」と答えが返ってくると思いきや、なかなか期待どおりにはいきません。りんごは皮をむくのがめんどうくさい、みかんは手が汚れるとつぶやく声が聞こえてきます。大地からの季節の贈り物を味わう機会を逃しているのではと、残念に思えてなりません。

　わたしは幼い頃、粘土を手のひらで包むように転がして球に仕上げ、赤や黄色の色紙をちぎって糊で貼りつけ、りんごやみかんへと化粧をしました。朱色の丸い布きれの縁に沿って針と糸で丸い輪を縫いとりし、真ん中に綿をおいてからギュッと糸を引いて玉を作り、緑の布で葉っぱをつけて柿も作りました。四角い木片の角をノコギリで落とし、和式のナイフ肥後守で削ってメロンを取り出しました。果物を新たに造形することは、やってみると結構むずかしいのですが、そんな遊びに夢中になっていたことを思い出します。

　果物というのは樹木につく食用となる果実で、木のなり物ですが、メロン、すいか、いちごなど草本につく果実も含まれます。果物を特徴づけているのは、丸い形体や鮮やかな色と心を和ませる香り、そして甘さと酸味です。調理は手軽な生食が基本ですが、そこに加熱調理が加わります。

果物に期待される栄養素はビタミン、ミネラル、食物繊維です。食べることが健康志向と結びついて、含まれる栄養素にばかり関心が向けられがちですが、果物をガブッと噛んだとき口いっぱいにあふれる水分は大地から吸い上げ太陽のエネルギーを取り込んだもの。なんと芳醇なみずみずしさでしょう。食べる喜びが体じゅうに広がります。

　ここでは赤、橙、黄とちょっぴり青や紫を加えて、食卓にお弁当に配色する豊かな果物生活を提案します。

　りんごはパイに。サラダにはドラゴンフルーツ。サンドイッチにはみかんを。そうだ、今朝は鉢植えのブルーベリーを摘んでヨーグルトに入れてみよう。

　さぁ、果物から1日を始めましょう！

もくじ

調理をはじめる前に

レシピにのせてある果物や調味料の分量は、あくまでも目安です。果物は自然のなりもので、大きさや重さ、甘さ、酸っぱさなどはそれぞれ微妙に異なりますので。また、レシピに記載された食材を全部揃えなければと思わないで、手持ちの食材を活用しながら作ってみてください。酸味をきかせた味が好き、塩をぱらっとたしたら甘さが増したなど、調味料の使い方も加減してあなた自身のおいしい味を追求してください。

なお、大さじは15cc、小さじは5cc、1カップは200ccで、カロリーは1人分の目安量です。

アボカド

アボカドは果実の表面がゴツゴツした肌をしていることから、ワニナシともいいます。脂肪、タンパク質、ビタミン類、ミネラルが豊富に含まれるため、世界の果物の中でもっとも栄養価が高いと評価されており、健康食品として食べられています。脂肪分はコレステロールの心配のない不飽和脂肪酸が80％以上なので、栄養補給食品としても重宝されています。果物特有の酸味と甘味は強くないので野菜的な使い方ができ、バターの代用にもなります。ビタミンEはシミ、ソバカス、しわなどの老化防止、カリウムは高血圧予防、食物繊維は便秘予防が期待できます。タンニンが含まれていますので、調理する際はレモン汁などで変色を防ぐと良いでしょう。果物としてはカロリーが高い（1個約350kcal）ので、食べ過ぎには要注意です。

アボカドと干し柿のサラダ

378kcal

材料（2人分）

アボカド…1個
干し柿…（堅めのもの）2個
生クリーム…大さじ1
薄口醤油…小1
ラー油…2、3滴
コリアンダー…2本

さぁ 作りましょう！

❶ アボカドはタテに包丁をぐるっと入れてから両手で持ち、2つに割って、種に包丁の刃先をさし、回して種を外します。皮をむいて1cm角に切ります。干し柿はヘタを取り、1cm角に切ります。

❷ コリアンダーは5mmの長さに切ります。

❸ ボールにアボカド、干し柿、コリアンダーを入れ、生クリームと醤油を入れます。そこにラー油を2、3滴加えて和えます（コリアンダーは好みが分かれます。苦手な方は少なめにするか、パセリまたはセロリの葉で代用します）。

アボカドと
グレープフルーツ
カッテージチーズ和え

261kcal

材料(2人分)

アボカド…1個
グレープフルーツ…1個
牛乳…500cc
酢…50cc
レモン汁…半個分
塩…一つまみ
コショウ…少々

さぁ 作りましょう!

❶カッテージチーズを作ります。鍋に牛乳を入れ火にかけて、指が入るくらいの45℃〜60℃に温めます。火を止め、酢を入れて一混ぜし、5分以上静置します。ボールの上にザルに布巾を敷いたものをのせて、そこにあけます。しばらくおいてから布巾をしぼります。これがカッテージチーズです。ボールに溜まったものはホエーといい、栄養価が優れていますのでスープや味噌汁に使ってください。

❷レモンはしぼります。アボカドは前の項目と同じようにして種を外し、皮をむきます。1.5cm角に切ってボールに入れ、レモン汁をかけます。グレープフルーツは皮をむき、袋から果肉を出してボールに加えます。

❸カッテージチーズを小さいボールに入れて塩をふります。アボカド、グレープフルーツを入れたボールにほぐしながら入れて和え、コショウをふります。

いちご

いちごは、ビタミンCの女王ともいわれ、いちごを5〜6個（約150g）食べると1日の必要量がとれます。甘味と酸味のバランスが取れていて、糖分はブドウ糖、果糖、ショ糖、有機酸としてはクエン酸やリンゴ酸を含んでいます。鮮やかな赤色はアントシアニンです。ビタミンCはストレス解消、メラニンの生成を防いで美肌保持などに効果があります。食物繊維のペクチンと有機酸の働きで便秘も予防。手軽に食べられますが、ビタミンCは酸化されやすいので鮮度が大切です。そのまま食べる生食に優れていると同時に、ジャム、ジュースなどの加工にも適しています。

い
ち
ご

冬のみぞれ
サラダ

151kcal

材料（2人分）

いちご…10個
梨…1/4個
キウイフルーツ…1個
大根…10cm
レモン汁…1個分
グレープシードオイル…大さじ1
塩…一つまみ
コショウ…少々

さぁ 作りましょう！

❶梨は皮をむき、芯を取り除いて、一口大に切ります。いちごはヘタをとり、タテ半分に切ります。キウイフルーツは皮をむき、タテに4つ割りしてから一口大に切ります。果物をボールに入れ、レモン汁半分をふりかけて混ぜ合わせておきます。

❷大根は皮をむき、すって軽く水気を切ります。ボールにレモン汁と塩を入れ、グレープシードオイルを加えて泡立て器でよく混ぜ合わせます。大根おろしを入れ、コショウをふってソースを作ります。

❸器に果物を盛り、ソースを天盛りにします。食べるときに混ぜましょう。

いちごと
タコのサラダ

108kcal

材料（2人分）

いちご… 半パック
かぶ… 1個
タコ足… 1本
レモン汁… 半個分
パセリ… みじん切り大さじ2
塩… 小さじ1/5
グレープシードオイル… 大さじ1
コショウ… 少々

さぁ 作りましょう！

❶ いちご3個はソースに使います。ヘタを取り、5mm角に刻みます。後はヘタをとり、タテ2つに切ります（いちごが大きい時はソースに2個、サラダの具に3個にして、タテ4つに切ります）。

❷ かぶは皮をむき、櫛形8切れに切ります。

❸ タコは熱湯をかけ、一口大に薄切りします。

❹ レモン汁をしぼり、ボールに入れます。塩、コショウ、グレープシードオイルを加えてよく混ぜ、ここにパセリといちごを加えてソースを作ります。

❺ ボールにかぶ、タコ、いちごを入れ、ソースで和えて器に盛ります。

いちご

いちご
とろとろサラダ

88kcal

いちご…4個
長芋…5cm（160gくらい）
干しぶどう…大さじ1
薄口醤油…小さじ1と1/2
練りワサビ…小さじ1/2

さぁ 作りましょう！

❶いちごは洗ってヘタを取り、櫛形6割り、一口大の大きさに切ります。

❷長芋は皮をむき、タテに5mmの厚さに切ってから1.5cmの短冊に切り、水を張ったボールに入れてアクを取ります。

❸干しぶどうはお湯大さじ1に浸して、やわらかくします。

❹長芋の水を切ってボールに入れ、醤油と練りワサビを入れて和えます。干しぶどうといちごを加え、器に盛ります。軽く混ぜた方が、いちごの新鮮さを味わえます。

いちごの
オーブンサンド

295kcal

材料（2人分）

いちご…小粒10〜14個
食パン…半斤：4枚切り
チューブ入りバター…小さじ2
ブランデー…小さじ1

さぁ 作りましょう！

❶いちごはヘタをつけたまま水で軽く洗ってから、ペーパータオルで水気をふき取ります。包丁でヘタを取り、タテ半分に切ります。

❷パンの片面にバターを塗ります。サンドメーカーの内側両面に、指を使って薄くバターを塗ります。

❸パンのバターを塗った面を上にしてサンドメーカーにのせ、いちごを両サイドにのせ、ブランデーを半量ふりかけます。もう1枚のパンのバターを塗った面を下にしてかぶせます。サンドメーカーのふたをしてガスコンロで焼きます。器具が暖まるまで両面を強火で40秒くらいあぶり、火を弱めて6分くらい焼きます。途中良い匂いがしてきますのでこげ具合を見ながら焼きます。

❹お好みでグラニュー糖をふりかけてから焼いてもいいですし、甘いものが苦手ならコショウをふるのも可。もちろんクリームチーズをはさむのはグッド！

※熱々です。火傷しないように注意しましょう。

いちごサンド

345kcal

材料（2人分）

（**a.** コッペパンと **b.** 丸パン）

いちご… 各6個
a. コッペパン… 小2個
b. 丸パン… 4枚
しぼりヨーグルト… 各大さじ2
ハチミツ… 各小さじ1
ブランデー… 各小さじ1

さぁ 作りましょう！

❶しぼりヨーグルトは、前日の夜にコーヒーフィルター、油こし紙、キッチンペーパーなどを使って水気をしぼっておいて使います。しぼりヨーグルトにハチミツ、ブランデーを混ぜ合わせます。

❷いちごはヘタを付けたまま洗って、ペーパータオルなどで水気をふきます。

❸ **a.** コッペパン用いちごは、包丁でヘタを落としてタテ4つ割りにします。コッペパンは真ん中に包丁目を入れます。

❹処理したヨーグルトの半分量をしぼり袋に入れます（しぼり袋は生クリームなどを買った時についてきます）。コッペパンを開きヨーグルトをしぼり出して、その上にいちごを飾ります。

❺ **b.** 丸パン用いちごも同じように、水で洗って包丁でヘタを落としてからタテに3つに薄切りします。丸パン2枚に処理したヨーグルトを大さじ1ずつ、塗ります。いちごを丸パン1枚に3個の割合で並べ、もう1枚の丸パンをのせます。

いちじく

いちじくはアラビア半島の新石器時代の遺跡から果実の遺物が出土したことから、もっとも古くから栽培された果物の1つとされています。花が外から見えないので「無花果」とも書かれ、果実の中にある赤いつぶつぶ状の花を食べます。昔から薬効のある果物といわれていて、下痢、便秘、神経痛、高血圧症などに効果があるとされています。糖分は主に果糖とブドウ糖で、ビタミンCは少ないですが、鉄、カリウム、カルシウムなどのミネラルが豊富です。ペクチンなど食物繊維も多く含まれています。熟すスピードが速いため日持ちが悪いのですが、適した時期に食べると大変おいしい果物です。日本では生食用が主ですが、ドライフルーツ、ジャムなどにも利用されてきました。味は淡泊なのでレモン汁、塩、砂糖などを加えます。

いちじくの羊飼いサラダ

150kcal

材料（2人分）

いちじく…2個
フェタチーズ…20g
ピスタチオ…10粒

さぁ 作りましょう！

❶ いちじくは洗い、タテに2つに切ります。いちじくを持ち、枝つきから手で皮をむきます。皮は食べられますので、気にならない場合はそのまま調理します。むきづらい場合は包丁を使います。1.5cm角に切ります。

❷ フェタチーズは1cm角に切ります。

❸ ピスタチオは殻をむき、皮を取り除いて、細かく刻みます。これらを和えて器に盛ります。

柿

柿には甘柿と渋柿があります。渋柿はお湯または焼酎を使って甘くし、生食や干し柿にして食べます。甘柿と渋柿はともに幼果が渋く、成熟するにつれて甘柿の方はタンニンが不溶性になり渋が抜けていきますが、抜けないのが渋柿です。柿は昔からなじみの深い果物です。柿の皮の色はカロテノイドで、果実とともに抗がん作用のある黄色い色素β‐クリプトキサンチンが多く含まれています。多量の渋味のもとはタンニンで、血圧低下や抗菌作用があります。ビタミンCは柿の半分(約100g)に70mgも含まれており、ストレス解消、美肌保持に効果が期待できます。特に干し柿には食物繊維が豊富で、便秘を防いでくれます。柿は酸味が少なく、香りも弱いため、他の食材とよく合い、なます、和え物、サラダにと活躍します。葉も柿の葉寿司やお茶に利用されています。

柿とホタテのサラダ

160kcal

材料（2人分）

柿…2個
みつ葉…10本
生ホタテ貝柱…6個
酢…小さじ2
薄口醤油…小さじ2
練りワサビ…少々

さぁ 作りましょう！

❶柿はタテに2つ割りして、ヘタをとります。皮をむいて、タテに1cm幅に切り、さらに幅1cmの短冊切りにします。

❷生ホタテは横に半分に切り、幅1cmの短冊切りにします。

❸みつ葉は水に放して、ぴんとさせ、3cmの長さに切ります。

❹ボールに、酢、薄口醤油、練りワサビを入れて混ぜ合わせ、柿と生ホタテ、みつ葉を加えて和えます。

柿いっぱいの
サラダ

128kcal

材料（2人分）

柿…1個
ブロッコリー…半個
白ワインビネガー…大さじ1
グレープシードオイル…大さじ1
粒マスタード…小さじ1
塩…一つまみ
コショウ…少々

さぁ 作りましょう！

❶柿は洗って、ヘタをとり、タテに4つ割りにします。皮をむき、さらに櫛形4切れに切り分けて16切れにします（一口サイズに）。

❷ブロッコリーは花の部分を一口大に小分けし、熱湯で1分ゆでて冷まします。

❸ボールに白ワインビネガー、粒マスタード、塩、コショウ、グレープシードオイルを加えてドレッシングを作り、ブロッコリーを和えてから、柿を加えて混ぜ器に盛ります。

柿サンド

300kcal

材料(2人分)

柿…1/2個
ライ麦パン (丸形) …4切れ
チューブ入りバター…小さじ4
好みで 黒コショウ…少々
ラム酒…小さじ1

柿

さぁ 作りましょう!

❶パンは3mmの厚さに切ります。パンの片側にバターを1枚に小さじ1ずつ塗ります(計4枚)。

❷柿は水で軽く洗い、ヘタを取り、タテ半割りにして皮をむきます。まな板に柿の切り口を下にして、3mmの半月切りにします(6切れ)。種がある場合は種を取り除きます。皿に柿をおき、ラム酒をふります。

❸バターを塗ったパン2枚に柿を3切れずつのせて、好みで黒コショウをぱらっとふってから、1枚ずつパンをかぶせます。

※同じ分量で、ライ麦の食パン型でもできます。柿は輪切りにして、チューブのバターの代わりに、クリームチーズやサワークリームを使ってみてください。

柿ボート

368kcal

材料(2人分)

柿…1個、
モーニングブレッド…半斤
ホイップバター…大さじ2
好みで ラム酒…小さじ1

さぁ 作りましょう!

❶パンを2切れにします。長方形のパンの耳の内側1cmを残して、包丁の刃先で2cmの深さの切り込みを入れます。切り込みを入れた枠の中に1cm間隔で切り込みを入れます。指で枠の中のパンを取り除きます。最初の1つはやりにくいですが、2つめからはやりやすくなります。取り除いたパンを1cmの長さに切ってころころした角切りにします。角切りしたパンをアルミホイルにのせ、オーブントースターで3分焼き、こげ目を付けます。

❷柿は水で軽く洗って、ヘタを取り、半分に切ります。パン1切れにつき半個を使います。小ぶりの柿なら1切れに1個です。皮をむいて、1cmの角切りにします。種のある柿の場合は種を取り除きます。アルコールをお好みの方は、ボールに入れてラム酒小さじ1をふりかけて混ぜます。

❸パンの切り取った穴のまわりに、大さじ半分のホイップバターを塗ります。そこに角切りした柿を1段敷き詰めます。次にホイップバターをその上に散らしてから柿を盛り、焼いた角切りパンを所々に飾ります。

柿帆船

285kcal

材料（2人分）

柿…輪切り4切れ
プチ・フランスパン…2個
黒ごまペースト…小さじ2

塩…一つまみ
ラム酒…小さじ2
生姜汁…少々

さぁ 作りましょう！

❶パンは包丁の刃先で真ん中に切り込みを入れます。黒ごまペーストを小さなボールに入れ、塩を一つまみと生姜汁を1滴入れて混ぜます。パンの切り込みにこの黒ごまペーストを塗ります。

❷柿を水で軽く洗い、ヘタを取って、皮をむきます。柿を横にして厚さ5mmの輪切りにします。種を取り除きます。ラム酒を皿に入れ、生姜汁を1滴加え、混ぜてから柿4切れを入れてまぶします。水気を切ります。

❸パンの切り込みの口を広げて柿をはさみます。

干し柿を作る

種なし柿…2個

20

干し柿入りの
パイクッキー

272kcal

材料 (2人分)

冷凍パイシート…1枚
粉パルメザンチーズ…小さじ3
溶き卵…小さじ1
干し柿…3切れ (タテ切り)

さぁ 作りましょう！

❶粉パルメザンチーズと溶き卵をボールに入れて混ぜます。

❷ラップを敷き、その上にパイシートを横長に置いて溶き卵を刷毛で塗り、干し柿を中央にタテに並べます。

❸パイシートの両脇を中央にたたみ、たたんだ面に刷毛で水をぬり、もう1回たたみます。折り口がくっつくようにきちんとラップに包んで、冷凍庫に入れます。

❹30分くらいおき、パイシートが固まったら冷凍庫から出してラップを外します。まな板にのせて包丁で8mmの厚さに切り、オーブンシートに切り口を上にして間隔を開けて並べます。

❺オーブンを温め、180℃で8分焼き、温度を150℃に下げてさらに8分焼きます。

さぁ 作りましょう！

❶柿を洗い、1個はくるくると皮をむいて、芯を刃先で取り除きます。まな板の上において、ヨコに7mmの輪切りにします(5〜6切れ)。もう1つは1/2個を櫛形切りにして、4切れにします。皮をむいて、ヘタを取ります。残りの1/2個は皮をむいて、ヘタを取り除き、タテに7mmの厚さに切って4切れ作ります。

❷ザル (干し網)に離して並べ、干します。晴れの日をねらって2日干してください。

干し柿の
ミルフィーユ

217kcal

材料（2人分）

じゃがいも…1個
マヨネーズ…大さじ1
塩…一つまみ
コショウ…適量
生ハム…4枚
クラッカー…4枚
干し柿…4切れ（ヨコ輪切り）

さぁ 作りましょう！

❶じゃがいもは皮をむき、2cm角に切って鍋に入れます。水をかぶるくらい入れて火にかけ15分煮ます。やわらかくなったら水を切り、木べらでつぶしてマッシュポテトを作ります。温かいうちに塩とマヨネーズ、コショウで調味をします。ある場合はしぼり袋に入れます。

❷下からクラッカー、マッシュポテト、生ハム、マッシュポテト、柿、マッシュポテト、クラッカー、生ハム、マッシュポテト、柿の順で積み上げます。食べやすく2つに切るのもおすすめです。

柿

干し柿とかつおの
みぞれ和え

418kcal

材料（2人分）

かつお…1さく
かいわれ大根…半パック
大根…7cm
おろし生姜…小さじ1
醤油・酢…各大さじ1
干し柿…4切れ（櫛形）

さぁ 作りましょう！

❶大根は皮をむいて、おろし金を使って粗くおろして、茶こしで水を切ります。ボールにあけて、醤油、おろし生姜、酢と混ぜます。

❷かいわれ大根は根の部分を切り落として、洗ってから水をよく切ります。

❸テーブルに出す直前に、かつおさくを一口大に切ります。大根おろしの入ったボールに入れ、かいわれ大根を加え、干し柿をあしらって和えてから器に盛ります。

キウイフルーツ

キウイフルーツは、またたびやさる梨の仲間で原産地は中国です。20世紀になって、ニュージーランドで栽培育成され、近年は国内でも栽培されるようになりました。果実は黄肉種と緑肉種があり、ビタミンCが多く含まれていますが、特に黄肉種は100g中に140mgと緑肉種（69mg）の2倍です。1個食べると、1日のビタミンCの必要量100mgをとることができます。豊富な食物繊維は、「キウイフルーツ1個はレタス1個分の食物繊維を含む」という売り文句になったくらいで、美肌保持、ストレス解消、便秘予防に効果を発揮します。タンパク質分解酵素アクチジニンが含まれており、肉料理に使うと肉がやわらかくなって食味が増し、消化促進の効果も期待できます。また、抗酸化作用があるというポリフェノール類を含み、特にルティンは白内障に役立つとされています。果肉のエメラルド色は食品の彩りとしても貴重ですし、甘酸っぱい味は生食、サラダ、ドレッシングに適しています。ジャムにしても良いでしょう。

キウイ オーブンサンド

388kcal

材料（2人分）

キウイフルーツ…1個
ライ麦パン…4切れ
チューブ入りバター…小さじ2
ピザ用チーズ…60g

さぁ 作りましょう！

❶キウイフルーツは水で軽く洗い、ヘタの周りに包丁を入れ、軸を回してヘタを取り除きます。タテに櫛形切りにして、16等分です。

❷パンは2～3cmの厚さに切ります（4切れ）。パンの片面にバターを塗ります。キウイフルーツを、パン1枚につき4切れの割合でパンの縁にならべ、真ん中にピザ用チーズを盛り上げます。

❸オーブントースターで3分焼きます。

※お好みでコショウ、チリソースなどをふりかけてもOKです。

キウイ
エメラルドサンド

446kcal

材料（2人分）

キウイフルーツ…4個
10枚切り食パン…6切れ
チューブ入りバター…大さじ2

さぁ 作りましょう！

❶ キウイフルーツは水で軽く洗って、ヘタの周りに包丁を入れ、軸を回してヘタを取り除きます。花つきを切り落とし、皮を薄くむきます。タテに4等分に切ります。

❷ パンは3枚1組として使います。パン3枚のうち上の2枚を脇におきます。1枚のパンの上面にバターを塗り、バターを塗った面を上にしておきます。残り2枚の内1枚は両面にバターを塗って、最初のパンに重ねます。残りの1枚の片面にバターを塗って、その上に重ねます。

❸ パンの組をいったん外し、キウイフルーツをパン1枚につき4枚の割合でならべます。大小があるので、切ったりして工夫してのせてください。キウイフルーツを2段重ねにします。サンドイッチが2組できたらパンの耳を切り落とし、タテ、ヨコそれぞれ3等分に切って、9切れにします（全部で18切れ）。

キウイ
マスタードサンド

269kcal

材料（2人分）

キウイフルーツ…1個
プチフランスパン…2個
チューブ入りバター…小さじ2
粒マスタード…小さじ2

さぁ 作りましょう！

❶キウイフルーツは水で軽く洗って、前の項目と同様ヘタからむきます。7mm角に切ります。小さなボールに入れてマスタードと和えます。

❷パンは真ん中に包丁の刃先で切れ目を入れます。パンを開いてバターを塗ります。パン1個につきキウイフルーツ半量をはさみます。

干しキウイを作る

キウイフルーツ…4個

干しキウイの
豆腐サラダ

177kcal

材料(2人分)

木綿豆腐…半丁
白ごまペースト・白味噌…各大さじ1
塩…一つまみ
櫛形干しキウイフルーツ…50g

さぁ 作りましょう!

❶キウイフルーツは水で軽く洗って、ヘタ
の周りに包丁を入れ、軸を回してヘタを取
り除きます。花つきを切り落とします。皮
を薄くむきます。実がかたい時はピーラー
でむきます。

❷櫛形切りと、輪切りを作ります（お好みで
す）。キウイを寝かせるようにまな板にのせ、
片方をヨコに厚さ1cmの輪切り、もう一方
をタテ二つに切って、6つ割りの櫛形切り
にします。

❸ザル(干し網)に離して並べて干します。
2〜3日干してください。お天気が良けれ
ば1日でもOK。

さぁ 作りましょう!

❶豆腐は鍋に湯を沸かし中火で3分くら
い煮て、布巾に包み水気を取ります。

❷すり鉢に白味噌、白ごまペーストを入れ
てまぜ、豆腐をほぐしながら加え、塩一つ
まみをふって、すりこぎですりあわせます。

❸櫛形のキウフルーツイを加えて和えます。

干しキウイの
紅茶ゼリー

50kcal

材料（2人分）

紅茶葉…大さじ1＋湯200cc
ゼラチン…5g＋ぬるま湯50cc
砂糖…大さじ1
ブランデー…小さじ1
干しキウイフルーツ…輪切り4枚

さぁ 作りましょう！

❶キウイフルーツはいちょう切りにします
（16切れ）。

❷ゼラチンは50ccのぬるま湯にふり入れ
て溶かします（ゼラチンは使用法にしたがっ
てください）。紅茶は湯を沸かし、分量の湯
を注いで濃いめに出しておきます。紅茶
をボールに入れ、砂糖とブランデー、溶か
したゼラチンを加えてかき混ぜ、ボールの
底に冷水を当てて冷まします。固まりかけ
たら器に入れ、キウイフルーツ4切れを入
れて、冷蔵庫で固めます。

❸ほぼ固まったら、上にキウイフルーツ4
切れを飾ります。

※キウイフルーツはタンパク質分解酵素
を含むので、生のまま使うとゼリーは固ま
りません。そこで干しキウイを使ってみた
ところ固まりました。

キウイフルーツ

28

干しキウイの
フローズンヨーグルト

129kcal

材料(2人分)

プレーンヨーグルト …250g

ハチミツ…大さじ1

ブランデー…小さじ1

干しキウイフルーツ…40g

・中に入れるのが20g

・細かく刻んでトッピング20g

キウイフルーツ

さぁ 作りましょう！

❶ヨーグルトをタッパウエアに入れて、ハチミツ、ブランデーを加えよく混ぜてから、冷凍庫で1時間凍らせます。

❷ヨーグルトを取り出し、細かく刻んだ干しキウイを加え、ブレンダーまたはフードプロセッサーにかけて、再び冷凍庫に入れます。

❸凍ったら、残りの干しキウイをトッピングします。

※ブレンダーまたはフードプロセッサーがない場合は、干しキウイはみじん切りにして、泡立て器で混ぜればOKです。

きんかん

きんかんはミカン科キンカン属の果物です。「風邪がはやるときんかんが売れる」といわれて、民間薬として親しまれてきました。きんかんは完熟したものを皮ごと食べます。種がありますが、近年は種なしの品種も出回るようになりました。皮は甘く、果肉は酸味があります。抗酸化作用のあるビタミンCは、5〜6個で1日分がとれます。皮には、発がん抑制作用があるとされるβ-クリプトキサンチンも含まれています。また、皮に含まれるシネフリンがせき止めに効果があります。生食はもちろん、甘煮、きんかん酒、きんかん漬けなど様々な加工に利用します。

きんかんサラダ
101kcal

材料（2人分）

きんかん…4個
シオーナ…1パック
リコッタチーズ…大さじ2
白ワインビネガー…小さじ1と1/2
グレープシードオイル…大さじ1
塩…一つまみ
コショウ…少々

さぁ 作りましょう！

❶きんかんは洗って、半分に切ってから櫛形に6切れにします。種を竹串で取り除きます。

❷シオーナはさっと水洗いして、一口大にちぎります。

❸ボールに白ワインビネガー、塩、コショウ、グレープシードオイルを入れて混ぜ、ドレッシングを作ります。リコッタチーズはほぐしておきます。

❹器にきんかんとシオーナを盛り、リコッタチーズをスプーンでのせて、ドレッシングをふりかけます。

干しきんかんを作る

きんかん…1パック

さぁ 作りましょう！

❶きんかんは湯で洗って、水気を布巾でふき取ります。厚さ5mmの輪切りにします。種を竹串で取り除きます。

❷網に並べて、陽の当たる場所に干します。空気が乾燥しているときは、2日干すと使えるようになります。もっと長く、1週間ぐらい干しても大丈夫です。

きんかんハチミツ

364kcal…全量

材料

ハチミツ…100g
干しきんかん…70g

さぁ 作りましょう！

❶ビンを鍋に入れ、かぶるくらいの水を注いで加熱します。5分間沸騰させてから、取り出して乾かします。

❷ビンが乾いて温度が下がったら、干しきんかんを入れハチミツを注いでふたをします。

❸2～3日おいてハチミツときんかんがなじんできたら、ジャムとして、また、きんかん茶として味わってください。

きんかんの
チョコレートがけ

436kcal … 全量

材料（2人分）

チョコレート … 50g
干しきんかん … 155g

さぁ 作りましょう！

❶板チョコはハサミで小さくくだき、ミルク沸かしなどの小鍋に入れてごく弱い火にかけます。溶けてきたら、竹串を使って干しきんかんをチョコレートに浸します。

❷竹串で干しきんかんをすくい上げ、クッキングシートの上にのせて乾かします。

きんかん入り
ぜんざい

456kcal

材料（2人分）

ゆで小豆缶 … 400g
干しきんかん … 40g
（あまっているヘタつきと花つき）

さぁ 作りましょう！

❶缶詰のゆで小豆を鍋に空けて弱火にかけます。こげつきそうだったら、50ccくらい水を足します。

❷干しきんかんのヘタつきと花つきを加えて温めます。きんかんに火が通って、皮がやわらかくなったら食べ頃です。

きんかん

栗

栗ほど防御が強い果物はありません。外側にいがをよろい、その下につやつやした固い鬼皮を、その内側には筋のついた渋皮をまとって果肉を守っています。栗は種の胚の部分を食べます。いがから取り出し鬼皮のまま焼いて、またはゆでてから、鬼皮と渋皮をむいて食べます。その食べにくさから、果皮に傷をつけて電子レンジにかけるとポロッと皮がむける品種が開発されました。果肉の主成分は糖質で、ショ糖の甘みがあります。食物繊維も豊富です。ビタミンB2、C、ミネラルの亜鉛やカリウムも含まれています。疲労回復、高血圧予防、便秘予防などに効果があります。栄養補給に、滋養にと古代から食料とされてきました。

栗とそば米の
サラダ

166kcal

材料（2人分）

栗…6個
そば米…50g
食用菊・赤…少々
ブイヨン…1個
粒コショウ…4粒
水…400cc

さぁ 作りましょう！

❶栗はくりくり坊主、または包丁を使って鬼皮、渋皮をむきます。底の方から刃を入れるとむきやすいです。水に30分以上浸けてアクを取ります。

❷鍋に水400ccと栗、粒コショウを入れて弱火にかけます。

❸フライパンにそば米を入れ、弱火にして、そばの香りがしてプツプツはじけてきたら、こがさないうちに栗の鍋に加えます。ふたをずらしてかぶせ、弱火で10分煮ます。

❹栗に火が通り、そば米がやわらかくなっていて、まだ汁が残っているようなら、ふたを取り、火を強くしてあおるように汁を飛ばします。器に盛って、食用菊を散らします。

栗

グレープフルーツ

グレープフルーツはみかんの仲間ですが、果実がぶどうのように房状になることからこう呼ばれています。原産地は西インドで、ぶんたんの突然変異とされています。近年の主産地はアメリカのフロリダですが、日本でおなじみの果物になったのは輸入の自由化以来です。大部分は輸入品で1年中ありますが、4月～5月が出回り時期です。果肉の色は白色か赤色、産地によって味が多少異なりますが、ビタミンCが豊富です。酸はクエン酸が多く、苦み成分のナリンギンが適度に含まれていて、グレープフルーツ特有の味を出しています。食欲増進、疲労回復、美肌保持に効果が期待できます。みずみずしいおいしさが生食、サラダ、ゼリーなどに重宝されています。

グレープフルーツ カラーサンド

185kcal

材料（2人分）

グレープフルーツ白色・赤色…各4房
もちもち白パン…2個
ピーナッツバター…小さじ2

さぁ 作りましょう！

❶グレープフルーツは流水でよく洗って、上下を切り落とし、タテに果肉近くまで包丁目を何本か入れてから皮をむきます。1房ずつむいて果肉を取り出します。

❷パンは上部にタテに切り落とさないように包丁目を入れます。パンの切り口両面にピーナッツバターを塗ります。

❸グレープフルーツの白色と赤色を交互にはさみます。最後の1房は向きを変えるとおさまりがよくなります。

> **「このクスリと一緒にグレープフルーツは食べないように」と薬局で調剤指導されたことがありますか？**
>
> 最近の研究では、グレープフルーツにはフラノクマリン類というものが含まれ、カルシウム拮抗剤の作用を促進して血圧を下げすぎることがわかってきました。グレープフルーツ、ぶんたん、はっさく、だいだい、オロブランコなどにこの作用があると報告されていますから、降圧剤などを服用している人は飲食には注意が必要です。薬剤師の意見を聞くようにしましょう。この作用がない柑橘類もあります。温州みかん、レモン、かぼす、バレンシアオレンジは大丈夫です。

グレープフルーツ
バジルサンド

295kcal

材料(2人分)

グレープフルーツ…6房
ホカッチャ…2切れ
バジルペースト…小さじ2
バター…小さじ2
粗挽きコショウ…お好みで

さぁ 作りましょう!

❶前の項目と同じようにして、グレープフルーツの皮をむき、果肉を取り出します。

❷ボールにグレープフルーツの果肉を1房ずつ3つに割って入れます。バジルペーストを入れて軽く混ぜ合わせます。

❸ホカッチャにヨコから包丁目を入れて、バターを塗ります。グレープフルーツバジル和えをはさみます。好みでコショウをふります。

※面倒なときは、ホカッチャに直接グレープフルーツをはさみ、バジルペーストをところどころに散らしてコショウをふっても良いでしょう。

グレープフルーツ
焼きサンド

224kcal

材料（2人分）

グレープフルーツ …4房
ブリオッシュ …2個
バター…小さじ2
ラム酒 …小さじ2
粗挽きコショウ …適量

さぁ 作りましょう！

❶グレープフルーツは前と同様、皮をむいて果肉を取り出します。

❷ブリオッシュは、一番大きく広がったところから少し上を切り落とします。刃の細い包丁（ペティナイフ）の刃先を使って、ブリオッシュの中身を底に穴を開けないようグルッとくりぬきます。くりぬいた内側にバターを塗ります。

❸グレープフルーツの果肉を半分に割り、ブリオッシュに詰めます。ラム酒をふりかけて、コショウをふります。オーブントースターで2分強焼きます。

※ふたになる部分は、パン自体が油分を含んでいてこげやすいので、早めに取り出しましょう。

さくらんぼ

さくらんぼは季節感を感じさせてくれる果物の1つです。和名はオウトウで漢字では桜桃と書きます。国内産の白肉系と外国産の赤肉系が出回っています。店頭には甘くジューシーな生食用が並びますが、すっぱい酸果の品種もあって、こちらは加工用です。1個の重量が7〜10gと小さく、一度にたくさん食べる果物ではありませんが、赤い色はアントシアニンで眼精疲労回復に効果があるとされています。ミネラルのカリウム、カルシウム、マグネシウム、亜鉛、鉄なども含まれています。旬の果物として季節を味わってください。

さくらんぼと
セロリのサラダ
119kcal

材料(2人分)

さくらんぼ…12個
セロリの茎下…1本分
タマネギ…1/8個
パセリみじん切り…小さじ2
マヨネーズ…大さじ2
カレー粉…小さじ1/2
粒マスタード…小さじ1/2

さぁ 作りましょう!

❶さくらんぼは洗ってヘタをとり、種取り器で種を取り除いてタテ半分に切ります。2個分は後で使いますので、残しておきます。

❷セロリはピーラーで筋を除き、厚さ2mmの斜め薄切り、タマネギはタテに薄切りし、水洗いをして布巾でしぼります。パセリはみじん切りです。パセリがなければ、セロリの葉のみじん切りでOKです。

❸ボールに全てを入れ、マヨネーズ、カレー粉、粒マスタードを加えて和えます。

❹器に盛り、取っておいたさくらんぼを天盛りします。

さくらんぼ
スナック

138kcal

材料（2人分）

さくらんぼ…20個
薄切り生ハム…30g
小麦粉…40g
片栗粉…10g

粉チーズ…大さじ1
卵白…1個分
水・大さじ4
揚げ油

さぁ 作りましょう！

フリッター（衣揚げ）と生ハム巻きの2種類

❶さくらんぼは洗って水気を切ります。

❷10個のさくらんぼは、生ハムをさくらんぼの幅に切って巻きます。

❸残りの10個はフリッターにします。ボールに小麦粉と片栗粉を入れて混ぜ合わせ、水を少しずつ入れて練るように溶いて衣を作ります。粉チーズを加えて混ぜます。

❹別のボールで、卵白を泡立て器で角が立つくらい堅く泡立ててから、衣のボールに2、3回にわけて入れ、木べらで混ぜ合わせます。

❺さくらんぼに小麦粉をまぶし、さくらんぼの枝を持って衣をつけ、170度に熱した油でキツネ色に揚げます。

※余った衣を使って季節の野菜、魚介なども揚げてみてください。

ザボン（ぶんたん）

ザボンはミカン科の大果のみかんで、ぶんたんはザボンの1種です。この仲間には、小さいものは500gほどのものから最も大きいものは2kgにおよぶものがあります。ザボン、ぶんたんは皮が厚いので、長期に保存することができます。皮を利用した加工品がたくさんありますね。砂糖漬けになったお土産品は昔からおなじみのものです。果肉は酸味が少なくさっぱりとした甘味です。果肉100g中には、ビタミンCが1日の必要量の半分近く、カリウムは180mg含まれています。食欲増進、美肌保持などを期待できます。生食、サラダ、和えものに、皮はママレードや砂糖漬けにして楽しめます。

モッツァレラ ぶんたんサラダ

218kcal

材料（2人分）

ぶんたん…1/2個
モッツァレラチーズ（粒タイプ）…120g
バジルの葉…2枚
白ワインビネガー…小さじ1
グレープシードオイル…小さじ2
塩…一つまみ
コショウ…少々

さぁ 作りましょう！

❶ぶんたんはタテ半分に切って、半分を使います。洗って皮の厚い上下を切り落とします。皮の部分に包丁目をタテに入れて皮をむき、さらに1房ずつ袋から果肉を取り出します。これらを一口大に分けます。

❷ボールに塩、コショウとワインビネガーを入れ、グレープシードオイルを加えて泡立て器でよく混ぜます。ここにぶんたんとモッツァレラチーズを入れて和えます。

❸器に盛り、バジルの葉をちぎって散らします。

ザボンの
千枚漬け巻きサラダ

43kcal

材料（2人分）

ザボン…半個	塩…一つまみ
大根…200g	酢…大さじ1/2
昆布…5cm	赤唐辛子…少々

さぁ 作りましょう！

❶ザボンはタテ半分に切って、半分を使います。洗って皮の厚い上下を切り落とし、皮の部分に包丁目をタテに入れて皮をむき、さらに1房ずつ袋から果肉を取り出します。バラバラになった果肉は、スプーンでつぶして酢として使います。

❷大根は洗って皮がきれいならそのまま、汚れが気になったらピーラーで薄くむきます。スライサーで薄い輪切りにします。ボールに入れ塩をふってしんなりさせます。しんなりしたら水気をしぼっておきます。

❸昆布は水でしとらせ、やわらかくなったらハサミで細く切ります。赤唐辛子は種を取り除いて細い輪切り、5切れくらいを使います。

❹薄切りの大根にザボン酢、赤唐辛子、昆布を混ぜます。酢は小さな器に入れて、電子レンジに30秒くらいかけてから加えます。しばらくおくと、即席の千枚漬けの出来上がりです。

❺大根を1枚おき、もう1枚を上半分が重なるようにおいて、重なった部分にザボンをのせ大根で巻きます。

スターフルーツ

スターフルーツは熱帯アジア原産といわれるトロピカルフルーツの1つです。果実の断面をスパッと切るときれいな星形をしているところから、スターフルーツとよばれます。日本でも栽培されていて、店頭で見かけることが多くなった果物です。果肉は黄色の半透明で果汁がたっぷり入っています。シュウ酸を含んでいて、酸味があります。期待できる栄養成分はカリウムで、高血圧を予防します。生食のほか、甘味が少なくさっぱりとした味と星形をいかし、料理をはなやかにする食材として活用してください。

スターフルーツ
ゼリーサラダ

30kcal

材料(2人分)

スターフルーツ…1個
チキンコンソメ…1個+水310cc
ゼラチン…5g
レモン汁…大さじ1

さぁ 作りましょう!

❶ゼリーを作ります。鍋に湯をわかし、チキンコンソメを溶かして(好みでコショウをふってもOK)少し冷まし、ゼラチンをふり入れて1カ所に固まらないようにかき混ぜながら溶かします。粗熱が取れたらバットに入れて冷蔵庫で固めます。

※ゼラチンは決められた分量より少なめに入れて、ぷるぷるに作りましょう。

❷スターフルーツは洗って、ヨコに寝かしておき、厚さ1cmの星形を6切れ作ります。中心に種があるので、気になるときはフォークの先で取り除きます。残った上下の部分は切り分けます。ボールに入れてレモン汁をからませます。

❸器にスターフルーツを並べ、間にゼリーを崩して盛ります。

西洋梨

西洋梨は香りとねっとりした甘味が特徴です。有史以前からヨーロッパでは食生活に欠かせない果物で、日本には明治時代に伝来しました。西洋梨と日本梨はひょうたん形か丸形かで見分けがすぐつきますが、いつ食べごろかとなると、西洋梨は判断がむずかしいです。日本梨は木で熟したものを食べますが、西洋梨はもぎ取ってから、追熟という期間をへて初めておいしく食べられるようになります。栄養的には特に目立った成分はありませんが、食物繊維が豊富なため便秘予防に役立ちます。近年、食品中の機能性成分が注目されてきて、西洋梨もポリフェノール類の抗酸化作用や血圧降下作用が認められるようになりました。生食だけでなく、コンポート、ジャム、タルトなどに。

西洋梨
ペコリーノサラダ

131kcal

材料（2人分）

西洋梨…1個
ペコリーノチーズ…60g
コショウ…少々

西洋梨

さぁ 作りましょう！

❶西洋梨は洗ってタテ半分に切り、切り口を下にしてタテに1cmの厚さに切り、皮をむきます。種の部分と芯は取り除きます。さらに、ヨコに1cmの厚さに切ってサイコロにします。

❷チーズも同じように角切りにします。

❸西洋梨とチーズを和え、コショウをふります。

※食べるまで時間がある場合は、西洋梨にレモン、かぼす等の柑橘酢をふりかけておくと変色しません。

干し西洋梨を作る

西洋梨…1個

さぁ 作りましょう！

❶西洋梨は水で軽く洗います。タテ半分に切って、半分を厚さ8mmほどの櫛形に切ります。皮をむいてから芯を取ります。残りの半分はヨコに厚さ8mmの半月切りにしてから、皮をむいて芯を取ります。

❷金ザルか干し網に並べ、晴れの日に3〜4日干します。約400gを4日間干したところ約100gになりました。

西洋梨
生ハムロール

77kcal

さぁ 作りましょう！

❶生ハムを1枚ずつはがします。

❷生ハムに干し西洋梨をはさんで巻きます。

❸コショウをふります。

※生の西洋梨を巻くのもジューシーでおいしいので、試してみてください。

材料（2人分）

干し西洋梨…半個分
生ハム…8枚
コショウ…適量

西洋梨

西洋梨簡単ピザ

238kcal

材料（2人分）

干し西洋梨…半個分
餃子の皮…6枚
とろけるスライスチーズ…3枚
サラダ油…小さじ1
コショウ…少々

さぁ 作りましょう！

❶餃子の皮を6枚用意し、片側にスプーンを使ってサラダ油を塗ります。餃子の皮を裏返します。とろけるスライスチーズは半分に割り、餃子の皮の内側に収まるように、さらに1/3くらいのところで折ります。

❷餃子の皮にチーズ、干し西洋梨をのせ、残りのチーズを散らしてコショウをふります。

❸オーブントースターで2分焼きます。

西洋梨

ドラゴンフルーツ

ドラゴンフルーツは鮮やかなピンクや黄色で、龍のうろこのような果皮が目を引く果物です。中南米原産のサボテンの仲間です。近年、店頭で見かけるようになった果物なので、食べ方がわからないという人も多いことでしょう。皮は手でくるっとはがせます。切ると果肉にごま粒のような種がいっぱい散らばっていて驚きますが、おいしく食べられます。果肉の色は白色から赤色まであります。味は外側からは想像もつかない、さっぱりとした甘味です。ミネラルは100g中にカリウムが350mg、マグネシウムが41mg含まれていて、高血圧予防が期待されます。造血作用や発育に欠かせない葉酸も含まれています。生食はもちろん、サラダや和えものに活用しましょう。

ドラゴンソルダムサラダ

77kcal

材料（2人分）

ドラゴンフルーツ…白半個
ソルダム…1個
ベビーリーフ…1パック
すだち…3個
薄口醤油…小さじ2
新生姜…10g

さぁ 作りましょう！

❶ドラゴンフルーツは洗ってタテ半分に切り、皮をペロッとはがします。半分を使います。まな板におき、ヨコに厚さ1cmの半月切りにしてから短冊のように2つに切ります。

❷ソルダムは洗って皮をむき、タテに包丁目を入れて、厚さ5mmの櫛形14～15切れにします。

❸ベビーリーフは洗ってよく水を切り、皿に敷きます。

❹すだちはヨコ半分に切ってしぼり、ボールに入れて醤油を加えます。

❺新生姜は細いせん切りにします。

❻ドラゴンフルーツとソルダムをベビーリーフの上にのせ、新生姜を天盛りしてドレッシングをかけます。

ドラゴンの
味噌炒め

234kcal

材料（2人分）

ドラゴンフルーツ…1個
きゅうり…1本
オクラ…4本
厚揚げ…1/2個
赤唐辛子…輪切り少々
炒め油…小さじ1
合わせ調味料
味噌…大さじ1と1/3
酒…大さじ1
砂糖…小さじ1

さぁ 作りましょう！

❶ドラゴンフルーツは洗ってタテ半分に切り、皮をペロッとはがします。2cm角に切ります。

❷きゅうりは洗ってピーラーで皮をむき、厚さ1.5cmの輪切りにします。オクラも洗って1cmの輪切りです。

❸厚揚げは熱湯をまわしかけて油抜きをし、水気を切って、9つに切ります。

❹フライパンに油と唐辛子を入れて熱し、きゅうりを炒め、厚揚げを加えて炒めます。

❺充分に火が通ったらオクラを入れ、合わせ調味料を流し入れて炒め、最後にドラゴンフルーツを加えてひと混ぜしたら出来上がりです。

梨（日本梨）

梨には赤梨と、ゴミ捨て場に捨てられた種から育成された青梨があります。どちらもザラザラした果皮が果肉の水分を保ち、みずみずしいおいしさがあります。水分が88％と多いので利尿作用や口の渇きを防ぐ効果があり、食物繊維が便秘予防、カリウムが血圧降下に役立ちます。また、サポニンという成分がせきや喉の炎症をやわらげてくれます。果肉はむいてから時間がたつと褐色に変化しますので、長時間おくときは薄い塩水にさっとくぐらせると良いでしょう。生食、和えものなどに。

梨とビーツの
サラダ

49kcal

材料（2人分）

梨…半個
ビーツ…厚さ1cmの輪切り2枚
白ワインビネガー…大さじ1
粒コショウ…2粒

さぁ 作りましょう！

❶ ビーツはよく洗い、たっぷりの水を入れてやわらかくなるまでゆでます。そのまま冷まし、皮を手でむきます。厚さ1cmの輪切りを2枚用意して、4切れのいちょう形に切ります。ゆで汁50ccをドレッシングに使います。

❷ 梨は洗ってタテ半分に切り、半分を使います。さらにタテ半分に切り、芯を取り除いて皮をむきます。これらをまたタテに半分に切ってから、食べやすい大きさの乱切りにします。

❸ ビーツの煮汁に白ワインビネガーを加えて、ドレッシングを作ります。

❸ 皿に梨とビーツを盛り、ドレッシングを注いで粒コショウを飾ります。

※ビーツは缶詰のものもあります。

梨の
ゴルゴンゾーラソース

166kcal

梨

材料（2人分）

梨…1個
ゴルゴンゾーラチーズ…40g
白ワインビネガー…小さじ2
グレープシードオイル…小さじ2
シークヮーサー…2個
ミックスナッツ…少々

さぁ 作りましょう！

❶梨は洗ってタテ4つ割りにし、芯を取って皮をむきます。次にヨコに厚さ1cmに切ります。皿を2つ用意して半分ずつ盛り、シークヮーサーをしぼってふりかけます。

❷小さなボールにゴルゴンゾーラチーズ、白ワインビネガー、グレープシードオイルを入れて混ぜ、ソースを作ります。

❸ミックスナッツを小さく刻みます。

❹梨にソースをかけてナッツを飾ります。

梨の冬のサラダ

66kcal

材料（2人分）

梨⋯1/4個
白菜⋯（茎部分）2枚分
ザーサイ⋯60g
ネギ⋯10cm
かぼす⋯半個
薄口醤油⋯小さじ1
ごま油⋯小さじ1

さぁ　作りましょう！

❶梨は洗ってタテ4つ割りにし、1切れを使います。芯を取って皮をむき、薄い櫛形（厚さ1cm）に切ります。まな板に櫛形のなしをタテにおき、幅7mmのせん切りにしてボールに入れ、かぼすをしぼってかけます。

❷ザーサイは5mm幅のせん切りにしてから水に放ち、塩抜きをします（約15分）。塩が抜けたら水気をしぼります。

❸白菜は洗い、タテに1c幅の細切り、さらに長さ4.5cmの斜め切りにします。湯を沸かし、1分ゆでてから冷まします。

❹ネギは斜めに細切りして、さっと湯をかけ、水気をしぼります。

❺ボールに白菜を軽くしぼって入れ、ザーサイ、ネギを加えて、醤油とごま油で和えます。

梨

梨ホットケーキ

297kcal

材料（2人分）

梨…半個
ホットケーキミックス…100g
卵…1個
牛乳…60cc
干しぶどう…10g

梨

さぁ 作りましょう！

❶梨は水で軽く洗います。タテ半分に切り、半分を使います。さらに半分に切り、芯を取って皮をむきます。それぞれヨコに3等分に切ります。

❷ボールにホットケーキミックスを入れて牛乳とほぐした卵を加え、ざっくりと混ぜます。

❸フライパンを火にかけてあたたまったら、コンロからフライパンを外して、溶いたホットケーキミックスを流し入れ、再びコンロにかけます。

❹梨と干しぶどうを飾り、弱火にして、表面が膨らみ梨にも火が通っていたら出来上がりです。

※大きく1枚で焼いて切り分けても良いですし、2つに分けて焼いてもOKです。

梨ピーナッツバター
サンド

254kcal

材料（2人分）

梨…半個
グラニュー糖…小さじ2
ブランデー…小さじ2
ピーナッツバター…小さじ4
丸パン…2個

さぁ 作りましょう！

❶梨は水で軽く洗います。タテ半分に切り、半分を使います。さらに半分に切り、皮をむいて芯を取ります。それぞれヨコに厚さ2mmくらいの薄切りにします。

❷丸パンはヨコに切り込みを入れて切り離します。下側のパンの切り口にピーナッツバターを小さじ1ずつ塗ります。梨を蛇腹のようにのせます。グラニュー糖を小さじ1ずつふりかけ、その上からブランデーをふりかけます。

❸梨をのせたパンをオーブントースターで2〜3分焼きます。上側のパンはこげるので、焼くのは1分くらいにしましょう。

梨

梨ライムサンド

246kcal

材料（2人分）

梨…半個
ライム…半個
クルミ…1かけ
クロワッサン…2個
コショウ…少々

さぁ 作りましょう！

❶梨は水で軽く洗います。タテ半分に切り、半分を使います。さらに半分に切り、芯を取って皮をむきます。太いせん切りにして、ボールに入れます。

❷ライムは櫛形に切り、飾り用に2切れとりわけて、後は絞って梨にふりかけます。コショウを少々ふり、クルミを小さく砕いて加え、全体をざっと混ぜ合わせます。

❸クロワッサンにパン切りでヨコに切れ込みを入れ、具をたくさんはさみます。

干し梨を作る

梨…1個

さぁ 作りましょう！

❶梨を洗ってまな板の上におき、タテ半分に切ります。半分を厚さ1cmの半月切りにします。芯を包丁の刃先で取り除いて皮をむきます。残りは櫛形6切れにして、芯を取って皮をむきます。そのうち2切れを一口大に切ります（色々な大きさで試してください）。

❷ザル（干し網）に離して並べ、干します。晴れの日をねらって2日干してください。

干し梨はさみ
鶏ハーブ焼き

103kcal

さぁ 作りましょう！

❶鶏ささみは筋に沿って包丁を入れ、筋を取り除きます。

❷包丁目に干し梨をはさみ、小麦粉にハーブ塩を混ぜて、鶏肉全体にまぶします。

❸フライパンに油を入れて熱し、鶏肉を入れ3〜4分ふたをして焼きます。

材料（2人分）

鶏ささみ…2本
ハーブ塩…一つまみ
小麦粉…小さじ1
焼き用油…小さじ1
干し梨…4切れ

干し梨の
レアーチーズケーキ

179kcal … 1切れ

材料（2人分）
… 21cmケーキ皿1台

クランチ … 80g
バター … 25g
粉ゼラチン … 5g +水60cc
卵黄 … 1個
砂糖 … 40g
カッテージチーズ（裏ごしタイプ） … 200g
レモン汁 … 1/2個分
ヨーグルト … 100cc
生クリーム … 100cc
ブランデー … 大さじ1
干し梨 … 8切れ

さぁ　作りましょう！

❶ゼラチンを熱湯60ccでよく溶きます。

❷ボールにクランチをくだき、バターを入れてよく混ぜてからケーキ皿の底に敷いて、冷蔵庫で冷やします。

❸ボールに溶かしたゼラチン、砂糖、卵黄を入れ、ボールの底をお湯につけながらゴムべらで混ぜて、とろみをつけます。とろみがついたら少し冷まし、カッテージチーズ、ヨーグルト、レモン汁、ブランデーを加えて混ぜます。

❹別のボールに生クリームを入れ、ボールの底を氷水につけながら泡立ててとろみをつけます。

❺それぞれのボールの中身を一つのボールに入れて混ぜます。混ぜ合わさったら、ケーキ皿を冷蔵庫から出して流し入れ、表面を平らにして再び冷蔵庫に入れます。固まってきたら、干し梨を飾ります。

梨

干し梨の
ディップ串

91kcal

材料（2人分）

ヨーグルト…100ccを水切りして大さじ2
カッテージチーズ…大さじ2
ドライトマト…10g
カレー粉…小さじ1/2
干し梨…4切れ（ころっとした形のもの）

さぁ 作りましょう！

❶ ヨーグルトは、ペーパーフィルターを使って水気をしっかりとしぼります。

❷ ドライトマトは粗みじん切りにします。ボールに入れ、ヨーグルト、カッテージチーズ、カレー粉を加えて混ぜ、ディップを作ります。

❸ 干し梨を2つずつ串に刺し、その上にディップを盛ります。

梨

ネクタリン

ネクタリンは桃の1種とされ、桃の原産地の中国では毛無桃というものが伝わっていたといわれています。果皮にうぶ毛のあるのが桃で、つるんとしているのがネクタリンです。伝来は明治時代ですが、昭和のころにアメリカから様々な品種が導入されました。多雨気候の日本では栽培が難しかったのですが、栽培可能な品種が育成されて店頭に並ぶようになりましたので、夏の旬の時期をのがさずに食べたい果物です。桃と比べると果肉は種から外しやすく、黄色で酸味と甘味があり濃厚な味わいです。便秘を予防する食物繊維、血圧降下作用のカリウム、発がん抑制の働きがある β – クリプトキサンチンが含まれています。生食、ジュースなどに。

ネクタリンと
小メロンサラダ

113kcal

材料(2人分)

ネクタリン…3個
小メロン…4個
らっきょう甘酢漬け…5粒
りんご酢…小さじ2
ごま油…小さじ1
塩…小さじ1/4
コショウ…少々

さぁ 作りましょう!

❶ 小メロンは洗って上下を5mmくらい落とし、タテに櫛形8切れにして、塩をまぶします。らっきょうは斜め薄切りにします。

❷ ネクタリンを洗い、タテに櫛形状に8本包丁目を入れ、包丁の刃を使って種から果肉を外します。殻がついている場合は一片ずつまな板において、刃先で取り除きます。

❸ ボールにりんご酢、ごま油、塩を入れてドレッシングを作り、ネクタリンと小メロンを加えコショウをふって混ぜます。

❹ 器に盛ってらっきょうを天盛りします。

※小メロンがないときはズッキーニを使ってもOK。

パイナップル

パイナップルはパインアップルという言葉がつまったもので、形が松笠に似ていてりんごのように栄養豊富なことからこう呼ばれてきました。南米原産で大航海時代にヨーロッパに伝わり、やがて世界中に広まりました。日本では気候風土が栽培に適さないため、輸入の缶詰や生果で味を知りましたが、近年は沖縄などで栽培されるようになって、取りたての生本来の味を楽しめるようになりました。ビタミンB1、Cが比較的多く、疲労回復に役立ちます。食物繊維が便秘の予防に。プロメリンというたんぱく質分解酵素が肉をやわらかくしますので、肉といっしょに食べると消化も促進されます。生食に料理にと大活躍します。ゼリーを作るときには、生のままでは固まりませんので加熱してから使います。

干しパイナップルを作る

パイナップル…1個

さぁ 作りましょう！

❶パイナップルの葉はねじって取り除きます。

❷輪切りと一口大の2種類を作ります。洗ってヨコに半分に切り、半分ずつ使います。

❸輪切りは最初に皮を取り除きます。まず、葉つきと底の部分を切り落とします。まな板に太い真ん中の方の切り口を下にしておき、上から下へ包丁で皮をそぎ落とします。

❹パイナップルを横にして厚さ1cmの輪切りにします。芯を包丁の刃先で丸く抜いてから、ザルに並べて干します。

❺一口大のものは切り口を下にして、8等分の櫛形に切ります。芯を落とし、皮の面を下におきます。皮と果肉の間に包丁の刃先を入れて果肉を取り出します。それを幅1cmほどの一口大の厚さに切って、ザルに離して並べます。

※空気が乾燥していれば1日でもOKですが、2～3日干すのがベスト。

パインカナッペ

167kcal … 全量

材料（2人分）

干しパイナップル … 輪切り3切れ
アーモンド …4粒
クルミ …2個分
クリームチーズ …20g
ゴルゴンゾーラ …20g

パイナップル

さぁ 作りましょう！

❶クルミは殻から出して皮をむきます。アルミホイルにクルミとアーモンドをのせ、オーブントースターで1分ほど焼きます。木の実は油分が強く、焼きすぎるとこげますので注意が必要です。

❷クリームチーズは8切れ、ゴルゴンゾーラは12切れにします。

❸パイナップルの上にゴルゴンゾーラを飾り、その上に木の実をのせたクリームチーズをあしらいます。

※いろいろな食材をのせて、楽しんでください。

パインとアボカドの春風サラダ

174kcal

材料（2人分）

干しパイナップル一口大 …15切れ
アボカド …1個
レモン汁 …小さじ1
塩 … 一つまみ

さぁ 作りましょう！

❶アボカドは洗って、タテに包丁をぐるっと入れてから両手で持ち、半分に割ります。種に包丁の刃先をさし、回して種を外します。

❷さらにタテに2等分して皮をむきます。1cmの厚さに切り、ボールに入れてレモン汁をふりかけます。

❸パイナップルを加えて塩をふり、ざっくり混ぜます。

パインと豚肉
さっと炒め

169kcal

材料（2人分）

干しパイナップル…一口大20切れ
豚肉赤身…160g
白ワイン…大さじ2
醤油…小さじ1
塩…一つまみ
コショウ…少々
炒め用油…小さじ1

さぁ 作りましょう！

❶豚肉は一口大に切り、白ワイン大さじ1、醤油、コショウ少々の液に漬けます。

❷フライパンに油を入れて火をつけ、フライパンがあたたまったら豚肉を入れて焼きます。両面焼いたら、漬け汁に白ワイン大1を加えてフライパンに入れ、煮汁がなくなるまで炒めます。

❸パイナップルを加えます。パイナップルに火が通ったら出来上がりです。

バナナ

バナナは明治時代に台湾から輸入されたので、バナナといえば台湾バナナでしたが、近年はフィリピン産が多くなっています。バナナは青いうちに収穫して運ばれ、倉庫でエチレンという植物ホルモンで追熟されて店頭に並びます。私たちには果物ですが、穀類やいもと同じように主食としている地域もあります。他の果物と異なってバナナは炭水化物が100g中22.5gもあり、ジャガイモよりも多いのです。エネルギー補給に優れていますが、食べすぎには要注意です。豊富なカリウムは血圧の上昇を抑え、フラクトオリゴ糖が整腸作用を促進させます。手軽に生食、サラダ、菓子にとさまざまに利用できます。熱帯の果物で皮が褐色に変化する低温障害をおこすため、保存は冷蔵庫を避けましょう。

マスタード バナナのサラダ

108kcal

材料（2人分）

バナナ…1本
ココナッツファイン…小さじ2
マスタードシード…小さじ1
グレープシードオイル…小さじ2

さぁ 作りましょう！

❶バナナは洗って皮をむき、乱切りにして、皿に切り口を上にして並べます。

❷ココナッツファインをバナナの上に散らします。

❸ミルクパンにグレープシードオイルを入れ、マスタードシードを加えて熱し、プチッとはね始めたら火から下ろして、バナナの上に全部にかかるように注ぎます。

バナナとりんごの
サラダ

216kcal

材料(2人分)

バナナ…1本
りんご…半個
クルミ…10g
フリルレタス…2枚
かぼす…半個
マヨネーズ…大さじ1
生クリーム…大さじ1
乾燥バジル…小さじ1
塩…一つまみ
コショウ…少々

さぁ 作りましょう!

❶バナナは洗って皮を取り、ヨコに1cmの厚さに切り、ボールに入れてかぼすの汁をかけます。

❷りんごは洗い、タテ半分を使います。タテに6割りして芯を取ります。さらにヨコに1cm幅に切ってバナナのボールに入れ、かぼすの汁をしぼって混ぜます。

❸フリルレタスは洗って水気を取ります。

❹クルミはオーブントースターで焼いて細かくします。

❺バナナとりんごを生クリーム、マヨネーズ、塩、コショウで和えます。皿にフリルレタスを敷き、盛ってクルミを飾ります。

61

干しバナナを作る

バナナ…10本くらい

さぁ 作りましょう！

❶バナナをさっと水洗いして、1房ずつに
ばらします。房のつけ根を持ち、花つきの
先を押して2つに分け、皮をむきます。

❷ザル（干し網）に離して並べて干します。
晴れの日をねらって2日干してください。

干しバナナの
豚肉巻き

341kcal

材料（2人分）

干しバナナ…4本
豚肉しゃぶしゃぶ用薄切り…150g
生姜…せん切り5g
小麦粉…小さじ2
塩…少々
カレー粉…小さじ1
炒め用油…小さじ1
レタス…適量

さぁ 作りましょう！

肉巻き4本（生姜味2本・カレー味2本）

❶豚肉はバットに広げて4つにわけて並
べ、塩を一つまみずつふります。

❷豚肉の上にバナナをおき、2本はせん切
り生姜をはさんで巻き、他の2本はそのま
まクルクルと隙間がないように豚肉を巻き
ます。

❸バットに小麦粉小さじ1をふり、生姜の
方にまぶします。

❹同じバットに小麦粉小さじ1を足し、カ
レー粉を小さじ1加えて混ぜ、残りの2本
にまぶします。

❺フライパンに油を入れて熱し、ころころ
転がしながら全体が色づくまで焼きます。

❻最後にレタスを巻きます。

干しバナナの
揚げ春巻き

177kcal…1本

材料（2人分）

干しバナナ…2本
ライスペーパー…2枚
スライスチーズ…1枚
コリアンダー…生1本
揚げ油

さぁ 作りましょう！

春巻き4本

❶ライスペーパーは表示に従って戻し、濡れ布巾の上におきます。手前1/4のところにコリアンダーの葉をつまんでおき、その上にスライスチーズ半分を2つ折りしておき、バナナをのせます。

❷ライスペーパーの手前の部分をバナナにかぶせ、ヨコ端を折りたたんで、空気を押し出すように巻きます。

❸揚げ油を熱し、170℃で春巻きを揚げます。

干しバナナの
クレープ巻き

398kcal…全量

材料（2人分）

干しバナナ…4本	牛乳…2/3カップ
小麦粉…60g	ブランデー…小さじ1
砂糖…大さじ1	コショウ…適量
塩…少々	焼き用油…小さじ1
インスタントコーヒー…小さじ2	ハチミツ…適量
卵…1個	

さぁ 作りましょう！

クレープ4枚分

❶小麦粉、砂糖、塩とインスタントコーヒーは、合わせてふるってボールに入れます。卵はほぐして、牛乳は何度かに分けて加え、ブランデーをたらします。泡立て器を使い、玉にならないように混ぜてクレープ生地を作ります。よりなめらかにしたいときは、漉し器にかけます。すぐ使うより、1～2時間おいて使うと良いでしょう。

❷フライパンを熱し、薄く油を引きます。お玉を使って生地を流し入れ、弱火で焼きます。ぷつぷつと表面が焼けてきたら裏返して焼きます。

❸焼けたら、バナナを巻きます。2本はコショウをふり、他の2本にはハチミツを添えます。

※クリームチーズ、ハム、バターピーナッツなどをバナナといっしょに巻いてもOK。プレーンの生地にしたいときは、インスタントコーヒーを省きます。

パパイア

パパイアは中央アメリカ原産で、未熟果から完熟果まで食材とされています。うりによく似た果物で、はじめは固く緑色ですが、だんだん黄色になり熟してやわらかくなるとオレンジ色になります。映画、『青いパパイアの香り』の中でサラダに使われ、近年はエスニック野菜としても利用されています。未熟なパパイアは常温で保存して追熟させます。熟してくると独特の香りがあり、丸く黒い種を除いて食べます。100g中に含まれるビタミンC50mgは果物の中で上位です。ほかにB1、B2、発がん抑制作用のあるβ-クリプトキサンチンも豊富です。たんぱく質分解酵素パパインの働きで、消化促進効果も期待できます。よく冷やしてレモンをしぼり、ブランデーをふりかけて、サラダなどの生食がおすすめですが、冷蔵庫での冷やしすぎは低温障害に要注意です。

パパイアボート

177kcal

材料(2人分)

パパイア…1個
ベーコン固まり…30g
セロリ…5cm
エシャロット…1個(みじん切り大さじ1強)
白ワインビネガー…大さじ1
グレープシードオイル…大さじ1
塩…一つまみ
シークヮーサー…2個
コショウ…少々

さぁ 作りましょう!

❶パパイアは、洗ってタテ半分に切ります。種と筋をスプーンで取ります。シークヮーサーをふりかけます。

❷エシャロットは細かいみじん切り、ベーコンは5mm角に切ります。セロリはピーラーで筋を取り、5mm角に切ります。

❸ボールに白ワインビネガー、グレープシードオイル、エシャロットのみじん切り、塩一つまみを入れ、コショウをふってドレッシングを作ります。ベーコンとセロリを加えて和えます。

❹皿にパパイアをのせて具を盛ります。

※ベーコンではなくハムでもOK。

パパイア豆サラダ

100kcal

さぁ 作りましょう！

❶パパイアは洗ってタテ半分に切り、種と筋をスプーンで取ります。丸いくりぬき器をおしつけるように回して、球にくりぬきます。

❷ミックスビーンズはザルにあけ、お湯をかけます。

❸みかんはしぼって、コショウをふります。

❹ワイングラスなど底の深い器にカッテージチーズを入れ、その上にパパイアと豆を交互に入れてみかんジュースを注ぎます。

材料（2人分）

パパイア…半個
ミックスビーンズ…50g
カッテージチーズ…大さじ4
みかんしぼり汁…1個分
コショウ…少々

干しパパイアを作る

パパイア1個

さぁ 作りましょう！

❶パパイアを洗ってタテ半分に切り、種と筋をスプーンで取ります。皮をピーラーでむきます。片方をヨコに厚さ1.5cmの半月切り、もう一方を厚さ1.5cmの櫛形切りにします。

❷ザル（干し網）に離して並べ、干します。2～3日干してください。お天気がよければ1日でもOK。

干しパパイア入り
ガレット

114kcal

材料（2人分）

櫛形の干しパパイア…30g
じゃがいも（メークイン）…中2個
パセリみじん切り…小さじ1
塩…一つまみ
コショウ…少々
バター…2かけ
オリーブ油…小さじ1（焼き用）

さぁ 作りましょう！

❶櫛形の干しパパイアを細切りにします。パセリはみじん切りです。じゃがいもは洗って、ピーラーで皮をむき、スライサーを使って細切りにします。

❷ボールにじゃがいも、パパイア、塩一つまみを入れ、コショウをふって混ぜます。

❸フライパンにオリーブ油を入れて熱し、ボールのじゃがいも半量を丸くのせ、フライ返しで押しつけながら焼きます。両面がパリッとこんがり焼けたら、もう1枚焼きます。

❹皿に盛り、バターを1かけのせ、その上にパセリを飾ります。

干しパパイアと
ゴーヤのサラダ

119kcal

材料（2人分）

干しパパイア…30g
ゴーヤ…半分
塩…一つまみ
マヨネーズ…大さじ2
カレー粉…小さじ1

さぁ 作りましょう！

❶ 干しパパイアは細かく刻みます。

❷ ゴーヤは包丁でタテ半分に切り、スプーンで種を取ります。厚さ2mmの半月切りにしてボールに入れ、塩一つまみをふり、よく混ぜてしばらくおきます。

❸ ボールに、マヨネーズとカレー粉を入れて混ぜます。ここに、しんなりしたゴーヤを固くしぼって入れます。刻んだパパイアを加えてよく和えます。

干しパパイアと
豆腐サラダ

188kcal

材料（2人分）

半月切りの干しパパイア…30g
木綿豆腐…1丁
パセリみじん切り…小さじ1
オリーブ油…大さじ1
レモン汁…大さじ1
塩…一つまみ
薄口醤油…小さじ1
コショウ…適量

さぁ 作りましょう！

❶干しパパイアは大ぶりな半月切りのパパイアを4等分に切ります。

❷木綿豆腐は重石をして水切りをします。一口大に切ります。

❸オリーブ油、レモン汁、塩、薄口醤油、コショウ、パセリでドレッシングを作り、パパイアと豆腐を和えます。

びわ

びわは中国原産の果物で、奈良時代に日本にもたらされたといわれます。手のひらにのる愛らしい形をしていますが、種が大きすぎて食べるところが少ないという声が聞こえてきます。するっとむける皮も厚めなので、そう思われるのでしょう。食品成分表の廃棄率は30％で、バナナの40％と比べても果肉は充分食べられます。果肉のだいだい色はビタミンAをたっぷり含み、発がん抑制作用のあるβ－クリプトキサンチンもあります。眼性疾患の予防に効果が期待されます。葉から種まで昔から漢方でも利用されています。ほどよい酸味と甘味がおいしい季節感のある果物です。生食、冷菓、ジャム、シロップに。果汁やびわ酒を作るときは、種に青酸が含まれているので種を傷つけたり砕いたりしないよう注意が必要です。

びわと豆サラダ

141kcal

材料（2人分）

びわ…2個
ミックス豆の缶詰…1缶
かいわれ大根…1/4パック
白ワインビネガー…小さじ1
ごま油…大さじ1
パプリカパウダー…小さじ1/2
※塩…一つまみ
　　（缶詰が無塩の場合）

さぁ 作りましょう！

❶びわは水で軽く洗い、花つきとヘタつきを5mmほど切り落とします。タテに切り込みを4本入れ、包丁目にしたがって皮をむきます。種を外し、内側の薄皮をスプーンで取り除きます。さらにそれらをタテ半分に切り、8切れにします。ボールに入れて白ワインビネガーをからめます。

❷缶詰のミックス豆はザルにあけ、お湯をまわしかけてから、びわのボールに加えます。

❸かいわれ大根は根を落とし、さっと水洗いして水気を切り、ボールに加えます。

❹ボールにごま油を注ぎ、パプリカパウダーをふって和えてから、器に盛ります。

びわ
カッテージチーズ
サンド

607kcal

材料(2人分)

びわ…3個　　　　レモン…2個
食パン…4切れ　　ブランデー…小さじ1
牛乳…1リットル　塩…小さじ1/2弱

さぁ 作りましょう!

❶カッテージチーズを作ります。鍋に牛乳を入れ、お風呂より熱い温度に温めます。全体が温まるよう箸で混ぜます。レモン汁をしぼり、後で使いますので小さじ1を残しておきます。

鍋を火から下ろし、レモン汁をまわし入れて30分くらいおきます。モワモワと固まってきたら、ボールに手つきザルをおき固くしぼったぬれ布巾をしいて、そこに流し入れてチーズを作ります。

30分以上かけると、1ℓの牛乳から240gくらいのチーズがとれます。できあがったチーズをボールに入れ、ブランデーと塩をふって混ぜます。

❷びわは水で軽く洗い、前の項目と同じようにして皮をむき、種と内側の薄皮を取り除きます。

❸タテ3等分、ヨコ4等分に刻んで、皿に取り、残しておいたレモン汁小さじ1をふりかけます。

❹パンは2枚1組として使います。パン1枚をまな板の上におき、カッテージチーズ1/4を塗ります。びわ半量をのせ、さらにカッテージチーズ1/4を塗り、その上にパンをのせます。もう1組作ります。

※食べやすいように4切れに切りましたが、切り方は自由です。

びわ塩こうじ焼き
サンド

239kcal

材料（2人分）

びわ…3個
丸形パン…2個
チューブ入りバター…小さじ2
塩こうじ…小さじ2

びわ

さぁ 作りましょう！

❶ びわは水で軽く洗い、前と同様、皮をむき、種と薄皮を取ります。

❷ ヨコに4等分に切って皿に取り、塩こうじをからめます。このとき、塩こうじの塩分を味見して加減してください。

❸ パンは厚切りがおすすめです。上面にバターを塗ります。びわをのせ、オーブントースターで2分弱焼きます。強く焼きたいときは、下面がこげつかないようにアルミホイルを敷いて焼くと、とろとろに仕上がります。

びわ花サンド

219kcal

材料（2人分）

びわ…2個
星形ブリオッシュ…2個
チューブ入りバター…小さじ1
クリームチーズ…少々
ラム酒…小さじ1

❶ パンの真ん中に十字に切り込みを入れます。切り込みにバターを塗ります。

❷ びわは水で軽く洗い、前と同様、皮をむいて種と薄皮を取り除きます。びわは見る見るうちに色が変わりますので、すばやく皿に取り、ラム酒をふりかけます。

❸ びわをパンの切り込みにはさみます。真ん中にクリームチーズをちょこっとのせます。

※真ん中にのせるのは、干しぶどうでもOK。

びわ

73

ぶどう

ぶどうの栽培は5000年以上も前にさかのぼるといわれていて、カスピ海沿岸が原産地とされますが、確定はしていません。ワインはどの地域で最初に作られたのかという問題といっしょに議論されています。果皮の色から赤、緑、黒の3つの品種に大別されます。また、ぶどうにはワイン用品種と生食用品種があります。日本は生食用品種の生産が主で、加工にも使われています。ぶどうには種があり、生食には面倒くさいと敬遠されもしましたが、やがて種なしぶどうを作る栽培法が確立し、皮のやわらかい小粒のぶどうが大流行しました。近年はより大粒で、しかも種なしのぶどうが多く食べられています。甘味のもとは果糖とブドウ糖で、エネルギー補給になります。赤色や黒色の果皮に含まれる色素はアントシアニンで、抗酸化作用、眼精疲労防止に効果があるとされます。生食、サラダ、菓子、ジャムにと様々に利用できます。

大粒ぶどうと
ペコロスのサラダ

84kcal

さぁ 作りましょう!

❶大粒ぶどうは皮をむきます。むきづらいときは包丁を使います。

❷ペコロスは皮をむき、上下を落とします。小鍋にオリーブ油を入れてペコロスを炒め、油がまわったら、水、酒、塩、粒コショウを入れ、ふたをして、弱火でやわらかくなるまで煮ます。

❸ペコロスを皿に取って冷まし、煮汁に白ワインビネガーを加えてドレッシングを作ります。

❹大粒のぶどう、ペコロス、オリーブを器に盛り、ドレッシングを注いで粒コショウを少し飾ります。

材料(2人分)

大粒ぶどう…8粒(種なし)
ペコロス…2玉
オリーブ…4粒
オリーブ油…小さじ1
水・酒…各大さじ1
塩…一つまみ
白ワインビネガー…小さじ1
粒コショウ…少々

ぶどう

ぶどうカクテル

73kcal

材料(2人分)

小粒ぶどう (デラウエア) …1房
緑干しぶどう…大さじ1
ブラックタピオカ…15g
ブランデー…小さじ1
湯…大さじ1

さぁ 作りましょう!

❶タピオカは表示に従って、ゆでて水にさらしておきます。

❷干しぶどうはお湯でさっと洗い、ブランデーと湯でやわらかくしておきます。

❸ぶどうは洗って、ボールに1粒ずつ皮から果肉を押し出します。

❹ボールのなかにタピオカと干しぶどうを加えて合わせます。もし手に入るようだったら、ぶどうの小さめの葉を飾ります。

プラム

プラムは英語名で、和名はすもも(李)です。中国原産ですが日本全国で作られています。未熟な果実はすっぱいのですが、熟すると甘くなり酸味と調和しておいしい味になります。食物繊維が多いため便秘に効果があり、カリウムが血圧の上昇を抑えます。色鮮やかな赤色の果肉のものには、抗酸化力の強いアントシアニンが含まれています。生食、サラダ、ジャム、ジュースなどにもっと活用されてよい果物です。

干しプラムを作る

プラム…1パック(12〜13個)

さぁ 作りましょう！

❶プラムは洗ってまな板の上におき、包丁を縫合線に沿ってぐるりとまわします。刃先を使って切り口に刃を入れ、種に当たったら刃先を斜めに入れて果肉をはずし、反対側もはずして2切れ作ります。難しいと思わずに、2〜3個を試しにやってみるとすぐにできるようになります。

❷ザル(干し網)に離して並べ、干します。晴れの日をねらって2日干してください。

干しプラムサンド

375kcal

材料(2人分)

干しプラム…4切れ(2個分)
サンド用パン…2個
モッツァレラチーズ…100g
コショウ…好みで

さぁ 作りましょう！

❶サンド用パンの真ん中に、包丁で斜めに切れ目を入れます。

❷モッツァレラチーズはつけ汁から出し、6等分に切ります。

❸プラムはヨコに2つに切り、パンにプラムとチーズをはさみます。好みでコショウをふってください。

※焼いて食べたいときは、オーブントースターで3分弱焼いてください。

干しプラムの
ベーコン巻き

97kcal

材料（2人分）

干しプラム…4切れ（2個分）
ベーコン細切り…2枚
レタス…1枚
コショウ…少々

さぁ 作りましょう！

❶レタスは洗って水をよく切り、4枚にち
ぎります。

❷ベーコンは重ねてヨコ長におき、2つに
切り分けて4枚にします。

❸プラムをまな板において、片側に包丁目
を入れ、ベーコンをはさみます。ベーコン
を下にまわしてプラムを包み、コショウを
ふります。

❹レタスにくるんで食べます。

※ベーコンを加熱したいときはフライパン
を熱し、ベーコン巻きにこげ目をつけてか
らレタスにくるみます。

干しプラムの
ビスケット

164kcal

材料（2人分）

干しプラム…8切れ（4個分）
オートミール…100g
全粒粉…50g
マーガリン…75g
卵…1個
生姜…20g
塩…一つまみ
焼き用油…小さじ1

さぁ 作りましょう！

❶マーガリンをボールに入れて、ゴムべらで白色になるまでよく練ります。

❷そこにオートミール、全粒粉、溶き卵、塩一つまみ、生姜のしぼり汁を入れて混ぜます。固まりになったら、ボールの中で筒状にして、8等分に切り分けます。

❸フライパンを熱して油をひき、1かたまりずつ、手のひらで平たく円にしてからフライパンに入れ、プラムを真ん中にのせます。弱火にして8分ほどじっくりと焼きます。

プ
ラ
ム

78

ブルーベリー

ブルーベリーは青紫色の小さな果実で、欧米では古くからジャムやドライフルーツにして食べられ、日本へはジャムや目によいという健康食品として入ってきました。野生種の中から品種が改良されて生食できるようになりました。果樹は家庭園芸でも育ち、収穫は成熟度が実によって差があるため手摘みしながら楽しめて、より身近な果物となりました。ブルーベリーに多く含まれるアントシアニンは、眼精疲労の改善や視力の向上に効果があるとされます。また、強い抗酸化作用を発揮します。生食やソース、ゼリー、ジャムなどに。冷凍貯蔵に適しているので通年味わうことができます。冷凍する際は水気を取り、料理には解凍せずに直接使ってください。

ブルーベリー ゴルゴンゾーラ チーズサンド

210kcal

材料（2人分）

ブルーベリー…30g
クリームチーズ…大さじ2
ゴルゴンゾーラチーズ…小さじ2
パン…1個

さぁ 作りましょう！

❶ブルーベリーはザルに入れて水で軽く洗います。水気を切り、さらにキッチンペーパーで軽く押さえて水気を取ります。

❷パンの真ん中に包丁目を入れます。切れ目にクリームチーズをたっぷり塗ってブルーベリーを並べます。

❸ところどころに小さくちぎったゴルゴンゾーラチーズをおきます。

ブルーベリー
サンド

264kcal

材料(2人分)

ブルーベリー…100g
砂糖…大さじ1
ラム酒…小さじ1
バター…小さじ2
食パン…4枚(10枚切り)

さぁ 作りましょう!

❶ブルーベリーはザルに入れて水で軽く洗います。前の項目と同じようにして、水気を取ります。

❷大きめの耐熱容器にブルーベリーを入れ、砂糖をふり入れてまぶし、ふたをして電子レンジで1分加熱します。取り出して、ブルーベリーをスプーンでよくつぶします(しっかりつぶしておかないと、ブルーベリーが破裂することがあります)。ラム酒を加え、ふたをしないで2分電子レンジにかけます。取り出したら冷ましておきます。

❸食パン4枚の片側にバターを塗ります。うち2枚にブルーベリーを塗り、バターを塗った食パンを重ねます。食べやすい大きさに切ってください。

ブルーベリー
山盛りピザ

148kcal

材料（2人分）

ブルーベリー…50g
ピザ用チーズ…大さじ2
ラム酒…小さじ1
グラニュー糖…小さじ1
ピザ台…小1個(12.5cm)

さぁ 作りましょう！

❶ブルーベリーはザルに入れて水で軽く洗います。前と同様、水気を取ります。

❷ピザ台は周り1cmくらいを残してチーズをのせます。ブリーベリーをその上に並べます。グラニュー糖とラム酒を全体にふりかけます。ピザ台がのる大きさのアルミホイルを用意します。

❸ピザ台をアルミホイルの上にのせ、オーブントースターで5分くらい焼きます。

※オーブントースターは火力が強いため、焼いているときにブルーベリーが破裂することがあります。アルミホイルを上にかぶせて焼き加減を調節してください。

マンゴー

マンゴーはトロピカルフルーツの1つで、世界の熱帯・亜熱帯地域で栽培されています。日本へは明治時代に伝来し、近年、品質の優れた国内産も店頭に並ぶようになりました。レストランなどではきれいにカッティングされて出てきますが、家庭で食べるには切り方が分からない人が多いようです。魚と同じように3枚におろして、特に真ん中の部分はむしゃぶりつくのがおすすめです。ただちょっとした注意が必要です。マンゴーはウルシ科なので、皮膚の弱い人、ウルシにかぶれる人は口の周りがかゆくなることがあります。マンゴーは青いうちに収穫し、追熟して食べます。ねっとりした濃厚な甘さを持ち、ビタミンA、C、ミネラルともに豊富で、ペクチン含量も多いため栄養的に期待ができます。生食、サラダ、ジュース、ジャムに。マンゴープリンは中華デザートの定番です。

マンゴーとうどの
カッテージチーズ
サラダ

192kcal

材料(2人分)

マンゴー…半個
うど…小1本
酢…小さじ1/2
レモン汁…大さじ1
グレープシードオイル…大さじ2
塩…一つまみ
コショウ…少々
カッテージチーズ…大さじ2

さぁ 作りましょう!

❶マンゴーを半分使います。洗ってまな板に寝かせておき、包丁を横にして枝つきから包丁を入れ、種に沿って進めて、半分の果肉を切り取ります。皮をむきます。これを包丁の刃先で長さ5〜6cmのそぎ切りにして、ボールに入れます。

❷別のボールに水を入れ、酢を入れて酢水を作ります。うどは4cmの長さに切り、皮をむいてから厚さ3mmの薄切りにして、酢水に放し、引き上げて水分をしっかりとふき取ります。マンゴーのボールに入れます。

❸小さなグラスにレモン汁と塩一つまみを入れます。グレープシードオイルを加えて混ぜます。これをマンゴーとうどのボールに加えて和えます。

❹器に盛り、カッテージチーズを天盛りにします。食べるときに全体を混ぜますが、最初から混ぜてもOKです。

マンゴー
オニオンサラダ

148kcal

材料（2人分）

マンゴー…1個
タマネギ…中1/4個
ケイパー…16粒
ワインビネガー…大さじ1
グレープシードオイル…大さじ1
塩…一つまみ
コショウ…少々

さぁ 作りましょう！

❶マンゴーを洗ってまな板に寝かせておき、包丁を横にして枝つきから包丁を入れ、種に沿って進めて、半分の果肉を2枚切り取ります。中央に残った薄い果肉は種を刃先で取り除きます。皮をむきます。繊維を断ちきるように厚さ2〜3mmの半月切りにします。皿を2つ用意して、包丁の刃をマンゴーの下に入れて持ち上げ、円を描くように皿にのせます。

❷タマネギはタテに薄切り、ボールに入れて塩をパラッとふってもみます。水にさらした後、布巾に取り、流水でもんでしぼります。これをマンゴーの真ん中に盛ります。

❸調味料を合わせてドレッシングを作り、タマネギにかけます。

❹ケイパーを飾ります。食べるときに混ぜてください。

干しマンゴーを作る

マンゴー…1個

さぁ 作りましょう！

❶マンゴーを洗ってまな板に寝かせ、前の項目と同じように包丁を使って、果肉を2枚切り取ります。中央に残った薄い果肉は種を刃先で取り除きます。皮をむきます。片方をタテに厚さ1cmの櫛形切り、もう一方を厚さ1cmの半月切りにします。

❷ザル（干し網）に離して並べ、干します。2〜3日干してください。天気がよければ1日でもOK。

材料（2人分）

干しマンゴー…適量
塩…一つまみ
揚げ油

干しマンゴーの塩かりんとう

45kcal

さぁ 作りましょう！

❶揚げ油は低温の90℃に温め、干しマンゴーを入れて浮き上がってきたら取り出します。

❷油の温度を中温の150℃に上げ、上で取り出したマンゴーを入れてからっと揚げます。

❸塩をふって出来上がりです。

干しマンゴーと
かぶのサラダ

63kcal

材料(2人分)

干しマンゴー…8切れ約50g
かぶ…1個
塩…一つまみ
ナンプラー…大さじ2/3
レモン汁…大さじ2
みりん…小さじ1
赤唐辛子…小1輪切り
新生姜…1cm細いせん切り

さぁ 作りましょう!

❶かぶは葉と根を切り離し、葉は3cmの長さに切って熱湯でゆでます。根は皮をむいて、櫛形に16切れです。塩を一つまみふります。

❷マンゴーは半分に切ります。

❸ボールに調味料を入れてドレッシングを作ります。

❹かぶをよくしぼり、マンゴーを加えて和えます。

干しマンゴーの蒸しパン

320kcal

材料(2人分)

干しマンゴー…45g
小麦粉…100g
塩…一つまみ
ベーキングパウダー…5g
卵水…40cc
黒砂糖…30g
キャラウエイシード…小1/2

さぁ 作りましょう!

❶小麦粉、塩、ベーキングパウダーは合わせてよくふるいます。

❷卵はボールに割りほぐして水を加え、卵水を作ります。40ccを別のボールに入れて黒砂糖を混ぜます。ここに上で作った粉をふるいながら加え、ゴムべらで切るようにして混ぜて生地を作ります。キャラウエイシードはここで加えます。

❸マンゴーは1.5cmの角に切ります。

❹16cmくらいの金ザルに、水に濡らして固くしぼったキッチンペーパーを敷き、生地を流し入れ平らにします。マンゴーを上に散らします。蒸し器に入れ、ふたに乾いた布巾をかませて、強火で15分蒸します。

みかん

みかんというのは、ミカン科ミカン属に属する柑橘類の総称です。ひと昔前、冬はこたつに入ってみかんの皮をむいて、というときのみかんは温州みかんでした。近年はみかんの品種の育成が盛んで、つぎつぎに新しくかわいい名前をつけたみかんが登場しています。温州みかんを少し大きくして、皮が薄く果肉がびっしり詰まった、はるみやきよみとその仲間、デコポンという名のようにヘタつきが盛り上がった形に特徴があるもの、皮を薄くむいて白いワタもいっしょに食べる日向夏、果皮が黄色の黄金甘などです。おなじみのネーブルオレンジや夏みかんも健在です。どのみかんもビタミンCとAが豊富で、酸味のクエン酸に疲労回復の作用があります。近年注目のβ－クリプトキサンチンが含まれているということがわかり、発がん抑制作用も期待されます。皮をむけば手軽に食べられるので、いつでもどこでも楽しめる果物です。

みかんと かぶのサラダ

60kcal

さぁ 作りましょう!

❶かぶは皮をむいて、タテ半分に切り、厚さ7mmの半月切りにしてバットに並べます。塩を一つまみ表裏にふりかけて10分おきます。

❷みかんは皮をむき、筋も取り除いてタテ半分に切り、厚さ1cmの半月切りにします。

❸かぶはキッチンペーパーで水気をふき取ります。皿にみかんとかぶを交互に重ねます。

❹バジル葉は粗みじんに切り、ヨーグルト、コショウ、塩、コリアンダーを混ぜ、ソースを作って添えます。

材料(2人分)

中型みかん…1個
かぶ…1個
プレーンヨーグルト…大さじ4
バジル葉…3枚
塩…少々
コショウ…少々
コリアンダー…10粒

春爛漫サラダ

48kcal

材料（2人分）

中形みかん…1個
菜の花…5本
醤油…小さじ1/2
ブランデー…小さじ1

さぁ 作りましょう！

❶菜の花は、沸騰した湯でさっとゆで、ザルに並べておきます。粗熱が取れたら醤油をかけ、長さ半分に切って水気をしぼります。

❷みかんは皮をむき、筋も取り除いて厚さ5mmの輪切りにします。芯が気になったら、芯抜きで除きます。

❸皿の中央にみかんを輪に並べ、ブランデーをふりかけます。その周りに菜の花を飾ります。

みかんと
春菊のサラダ

112kcal

材料（2人分）

中形みかん…1個
春菊…2本
長ねぎ…10cm
ごま油…大さじ1
塩…小さじ1/5
いりごま…小さじ2
塩…一つまみ
赤唐辛子…少々

さぁ 作りましょう！

❶みかんは包丁でタテ2つに割って皮を
むきます。外側から房の分かれ目に包丁
を入れ、1房ずつに分けます。

❷春菊は洗って葉を茎から外し、一口大
にちぎります。長ねぎは斜めに薄切りして
から、湯に放します。赤唐辛子は種を取り、
ごく細く小口切りにします。

❸ボールに春菊と湯を切った長ねぎを入
れ、塩をふり、ごま油で和えます。みかん
を加えてざっくりと混ぜます。

❹器に盛り、赤唐辛子といりごまをふります。

日向夏
キャベツサラダ

44kcal

材料（2人分）

日向夏…1個
キャベツ…200g
生姜みじん切り…小さじ1
塩…一つまみ
薄口醤油…小さじ1

さぁ 作りましょう！

❶日向夏は洗って、りんごをむくように皮を薄くむきます。果肉は中心から斜めに包丁を入れて、一口ぐらいの大きさに切ってボールに入れます。残った中心の袋はしぼって汁をボールに加えます。皮はみじん切りにして小さじ1を作り、ボールに加えます。別に飾り用にせん切りを一つまみ作っておきます。

❷キャベツは繊維を断ちきるように、5mm幅の細切りにして、ビニール袋に入れます。塩一つまみを加えて、手でもみます。しんなりしたら袋の端を5mmくらい切り、水気をしぼってボールに入れます。

❸生姜は小さなみじん切りにしてボールに加え、薄口醤油を入れて混ぜます。

❹これらを器に盛り、日向夏の皮のせん切りを天盛りします。

ネーブルサンド
サラダ

107kcal

材料（2人分）

ネーブルオレンジ…1個
アボカド…半個
ブロッコリースプラウト…一つまみ
ハム…1枚
塩…ほんの少々
コショウ…少々

さぁ 作りましょう！

❶ネーブルオレンジは洗って、上と下を落としてから果肉と皮の間に刃を入れ、タテにむきます。輪切りで6切れに切ります。

❷アボカドはヨコにぐるりと包丁を入れ、半分にして、半分を使います。皮をむきます。輪の面を下にしてまな板におき、刃をヨコに入れて、3枚に切ります（輪切り3枚）。

❸ブロッコリースプラウトは種を取って洗います。ハムは3つに切ります。

❹ネーブルオレンジ、アボカド、ブロッコリースプラウト、塩、コショウ、ハム、ネーブルオレンジの順で重ねます。形を整えてから、食べやすいように2つに切って盛りつけます。フォークで1切れずつ食べてください（3組できます）。

夏みかんと
セロリのサラダ

99kcal

材料（2人分）

夏みかん…1個
セロリ…茎の下部1本分＋葉少々
塩…一つまみ
コショウ…少々
グレープシードオイル…大さじ1

さぁ 作りましょう！

❶夏みかんは洗って、上下を切り落とし、側面にタテに包丁目を入れてから皮をむきます。1房ずつ袋から果肉を取り出してボールに入れます。

❷セロリは洗い、茎の部分を1cmの角切りにして、夏みかんの入ったボールに加えます。

❸ボールにグレープシードオイルを入れてざっと混ぜ、塩とコショウをふって和えます。

❹器に盛ってセロリの葉を飾ります。

みかんサンドイッチ

371kcal

材料（2人分）

中形みかん…1個
食パン…半斤4枚切り
クリームチーズ…大さじ4
あればブランデー…小さじ1/2
コショウ…好み

❶みかんの皮をむいて、1房ずつ袋から果肉を取り出します。あればブランデーをふります。

❷パンの片面にクリームチーズをのばして塗ります。2枚を並べてみかんをおき、後の2枚はチーズを塗った面を下にしてかぶせます。このときに好みでコショウをふっておきます。パン切り包丁でサンドを軽く押さえ、包丁を大きく動かしながら耳を切り落とします。食べやすい大きさに切ってください。

※オレンジ系のみかんを使う場合は、袋の皮がやわらかいのでつけたまま使っても大丈夫です。パン切り包丁があるときれいに仕上がります。

み
か
ん

93

みかんトースト

みかん

材料（2人分）

中形みかん…1個
食パン…半斤2枚切り
チューブ入りバター…小さじ2
ブランデー…小さじ1
コショウ…好み

さぁ 作りましょう！

❶みかんを輪切りにして作ります。みかんをお湯でよく洗って、ヨコに厚さ5mmの輪切りにします。

❷パンの片面にバターを塗ってみかんをのせます。ブランデーをふりかけます。好みでコショウをふります。

❸オーブントースターで3分くらい焼き、こんがりしてきたら出来上がり。熱々をどうぞ。

メロン

メロンは古代エジプトの時代から栽培されているウリ科の果物です。メロンにはたくさんの変種があり、形も球形、楕円形、円筒形、長卵形など、果皮の色も白色、黄色、黄緑、灰緑などさまざまで、果肉の色も赤肉系、青肉系、白色系とあります。メロンというと、贈答用で温室育ちの編み目がくっきりしたマスクメロンがあげられますが、とても高価です。江戸時代から親しまれてきたまくわうりが改良されて、プリンスメロンができ人気者になりましたが編み目がありません。しかし近年、高級感のある編み目入りの露地栽培メロンが続々登場して、買い求めやすくなりました。メロンは収穫してから追熟させて食べる果物です。食べ頃の判断が難しいので、ラベル表示をよく確かめましょう。露地物は栄養価が高く、特に赤肉メロンはビタミンAが豊富で、ビタミンCやカリウムも期待できます。ストレス解消、高血圧予防、利尿作用によるむくみ改善などに効果があります。

メロンボート

45kcal

材料（2人分）

メロン小玉…半個
チコリの葉…4枚
ごぼう…太めのもの5cm
酢…少々
塩…一つまみ
揚げ油

さぁ 作りましょう！

❶メロンは洗い、タテに半分に切って半分を使います。さらに4つに櫛形に切ります。皮と果肉の間に包丁を入れて、皮を取ります。種の部分はスプーンで取り除きます。

❷チコリは根元を5mm切り落とし、ていねいに葉を4枚はがします。

❸ごぼうは洗って、斜めに3mmの厚さに4枚切ります。このとき、できるだけ面が大きくなるように包丁を斜めにします。さっと酢水につけ、水気をしっかり取ります。

❹天ぷら鍋に少量の油を入れ、ごぼうを175℃で揚げて塩をパラパラとふります。

❺器にチコリの葉を敷き、メロンをのせ、ごぼうの帆をさして出来上がりです。チコリとメロン、そしてごぼうという新しい味の組み合わせを味わってください。

まくわうりの
ゴーヤサラダ

72kcal

材料（2人分）

まくわうり … 半個
ゴーヤ … 2cm
クミンシード … 小さじ1/4
ココナッツファイン … 大さじ2
ワインビネガー … 小さじ2
ざくろエキス（またはハチミツ）… 小さじ1
塩 … 小さじ1/4

さぁ 作りましょう！

❶まくわうりは洗ってタテ半分に切ります。半分を使います、種をスプーンで取り除きます。櫛形に6等分に切って皮をむきます。さらに1切れを6等分します。

❷ゴーヤは種を除き、おろし金ですりおろしてボールに入れます。

❸ワインビネガー、クミンシード、ココナッツファイン、ざくろエキス、塩を加えて混ぜ、まくわうりを入れて和えます。

※ゴーヤの苦さがおいしさになりますが、苦手な人は分量どおりに、大好きな人は量を増やしてください。

メロン
フレンチトースト

393kcal

材料（2人分）

メロン…1/4個
（赤肉メロン1/8・青肉メロン1/8）
食パン…4枚切り2枚
卵…1個
牛乳…150cc
塩こうじ…小さじ1～2
バター…小さじ2

さぁ 作りましょう！

❶バットに卵を割り入れて箸でほぐし、牛乳を加えます。塩こうじは塩辛さを加減しながら加えて混ぜます。食パンを入れ、ときどき返して浸しておきます。

❷メロンは水で軽く洗います。スプーンを使って種を取り除きます。それぞれタテに1/8に切って使用します。皮と果肉の間に包丁を入れて皮を取ります。ヨコ半分に切ってから櫛形に2つ割りします。

❸フライパンにバター小さじ1を入れて熱し、食パンをこげ目がつくまで両面焼きます。焼けたら皿に取ります。フライパンにバターを足してメロンを焼き、パンの上にのせます。

メロンめろんパン

412kcal

材料（2人分）

メロン…1/8個
（赤肉メロン1/16・青肉メロン1/16）
めろんパン…2個
バター…小さじ2

さぁ 作りましょう！

❶メロンは水で軽く洗います。前の項目と同じようにしてそれぞれ1/8にします。皮を取ります。ヨコ半分に切ってから櫛形に3つ割りします。そのうち1切れをさらにヨコに半分に切ります。

❷めろんパンに3本、切り落とさないように注意しながら包丁目を入れます。切れ目にバターを薄く塗ってメロンをはさみます。

メロン怪獣パン

228kcal

材料（2人分）

メロン…1/4個
（赤肉メロン1/8・青肉メロン1/8）
ベーグル風パン…2個
クロテッド（またはクリーム）…大さじ2

さぁ 作りましょう！

❶ メロンは水で軽く洗います。前と同様、それぞれ1/8に切ります。包丁の先を使って、皮と果肉の間に包丁を入れて皮を取ります。ヨコ半分に切り、片方を櫛形に3つ割り、もう一方を2つ割りにします。

❷ パンをまな板におき、厚い部分にヨコに包丁目を入れます。切れ目にクロテッドを塗ってメロンをはさみます。

桃

桃の原産地は中国で、ペルシアを経由して大航海時代に世界に広がったといわれています。日本でも古くから栽培され、邪気を払う力があるとされてきました。桃はほとんどが球形ですが、蟠桃という円盤形もあって、孫悟空が食べたのはこの桃だったのではないかといわれています。果物のことを水菓子ともいいますが、桃はほおばると果汁がたっぷりと口の中にあふれ、水菓子の名にふさわしい果物です。うぶ毛がありますので、必ず洗って食べるようにします。食物繊維が多いため便秘予防に効果があり、カリウムが高血圧予防、ビタミンEが抗酸化力を発揮します。生食、コンポートに。

桃のきゅうり巻き

118kcal

材料(2人分)

桃…2個　　　　　　ガラムマサラ…小さじ1/4
きゅうり…1本、　　塩…小さじ1/4
ヨーグルト…大さじ5

さぁ 作りましょう!

❶桃は洗い、タテに包丁目をぐるりと入れます。桃が熟れている時は、桃を両手で持ちねじって2分割して種を外します(種が外しづらいときは、4分割するようにタテに包丁目をぐるりと入れ、桃を持ち包丁を使って外します)。さらに半分に切って、皮を枝つきの方からむきます。

❷ヨーグルトはコーヒーのフィルターなどを使って水気をしぼり、ガラムマサラと塩を入れて混ぜ、ディップを作ります。

❸きゅうりは洗ってまな板におき、ピーラーを使ってタテに細長くそぎます。桃にきゅうりを巻いて、ヨーグルトのディップをのせます。

※すぐに食べるのではなく、お客に提供するまで時間がある場合には、桃をレモン汁にからめておくと桃の白さが保てます。

桃

桃グラタン

242kcal

材料(2人分)

桃…1個
厚切り食パン…1枚
マヨネーズ…大さじ2

桃

さぁ 作りましょう!

❶桃は洗い、タテに包丁目をぐるりと入れます。前の項目と同じようにして4分割し、枝付きの方から皮むきます。それぞれ櫛形3切れにします。

❷食パンは半分に切ってから、1.5cm幅の棒状に切ります。パンにたっぷりマヨネーズを塗ります。小グラタン皿にパンと桃を半量ずつ立てて入れます。

❸ちょっと強めに焼くとおいしいので、オーブントースターで最初にアルミホイルをかぶせて3分、外して1分半焼いて、こげ目をつけます。

※焼き具合はお好みです。強く焼きたいときは、アルミホイルをかける時間を長くしてください。

桃サンド

358kcal

材料（2人分）

桃…1個
厚切りパン…2枚
カマンベールチーズ…半個

さぁ 作りましょう！

❶桃は洗ってタテに包丁目をぐるりと入れます。前と同様に4分割して、枝つきの方から皮をむきます。4つの櫛形切りにします。

❷カマンベールチーズ半個は半月状です。これを6等分します。

❸厚切りパンはヨコにして、全部を切り落とさないように注意しながら包丁目を平行にして真ん中に入れます。桃、カマンベールの順ではさみます。

桃

桃ロール

159kcal

材料（2人分）

桃…小1個
食パン…10枚切り2枚
クリームチーズ…大さじ2

さぁ 作りましょう！

❶桃は洗い、タテに包丁目をぐるりと入れます。前と同様、4分割して枝つきの方から皮をむきます。さらにタテに半分に切って、8切れ作ります。

❷食パンは耳を切り落とします。食パンにたっぷりクリームチーズを塗ります。ラップを食パンの幅に切ってまな板の上に広げ、クリームチーズを塗った食パンを1枚おきます。

❸桃をヨコに2つずつ重なるようにおき、ラップを持ち上げて巻きます。

※大きめの桃の場合は、ヨコに1切れずつおいてください。

桃

りんご

りんごはバラ科の果物で桃、梅、プラム、あんずなどたくさんの仲間がいます。世界の広い地域で栽培され、日本では大きくてほどよい酸味と甘さの生食用品種が主に出回っていますが、近年、加熱して食べる酸味の強い品種も注目されだしました。また大きさも、手のひらでつかめポケットに入る食べ切りサイズが求められるようにもなりました。りんごは熟してくるとエチレンという植物ホルモンを出します。成熟ホルモンなので、りんごといっしょにして保存した果物の熟度がすすみます。家庭でのキウイフルーツの追熟に利用すると良いでしょう。りんごは食物繊維とカリウムが豊富で高血圧予防や整腸作用に効果があり、ポリフェノールが強い抗酸化作用の働きをします。また、がん予防に効果があるとの疫学研究報告も出ました。生食、加熱、ドライと大活躍の果物です。

りんごとさつまいもの
ホットサラダ

175kcal

材料(2人分)

りんご…1/2個
さつまいも…中1本
バター…20g
グラニュー糖…小さじ1
柚子…1個
水…2/3カップ

さぁ 作りましょう!

❶さつまいもは厚さ1cmの輪切りにして、水にさらしてアクを取ります。

❷りんごは皮をむき、厚さ1cmのいちょう切りにします。

❸柚子は皮を薄く3cm角にそぎ、細かいせん切りにします。別に皮を2枚そいでから、汁をしぼります。

❹鍋にさつまいもを並べてその上にりんごをおき、バター、グラニュー糖、上でそいでおいた柚子皮2枚を加え、水を注ぎ、ふたをして中火、煮立ったら弱火でやわらかくなるまで約10分煮ます。

❺ふたを取り、中火にして煮汁を飛ばし、仕上がりに柚子汁をかけます。

❻器に盛って柚子のせん切りを天盛りします。

りんごの
ポテトサラダ

184kcal

材料（2人分）

りんご…半個
赤じゃがいも…小120g
セロリ…30g
マヨネーズ…大さじ2と1/2
練りワサビ…小さじ1
塩…少々
すだち…1個

❶ りんごは洗ってタテに半分に切り、半分を使います。櫛形6切れにします。芯を取って皮をむきます。それぞれヨコに3等分に切ってボールに入れます。

❷ すだちをヨコの輪切りにして、しぼってりんごにふりかけます。

❸ セロリを洗って5mm角に切り、ボールに加えます。

❹ 赤じゃがいもは皮に傷をつけないように洗い、20分くらい蒸します。蒸し終わったら、一口大に切ります。熱いうちに塩をほんの一つまみふります。粗熱を取ってからボールに入れます。

❺ マヨネーズと練りワサビで和えます。

り
ん
ご

スパイシー
りんごサラダ

144kcal

材料(2人分)

りんご…1個
くるみ…20g
かぼす…1個
生姜…5g
唐辛子青・赤・黄…各1cm

りんご

さぁ 作りましょう!

❶りんごは洗ってタテ半分に切り、片方を皮つき、もう一方を皮むきにします。それぞれ6切れの櫛形にして芯を取り、さらに3つに切って、一口サイズにします。

❷りんごをボールに入れ、かぼすをヨコに切ってしぼりながらふりかけます。

❸生姜、唐辛子はごく小さいみじん切りです。りんごのボールに入れて混ぜます。

❹くるみは軽くローストして香りを出します。

❺りんごを器に盛って、くるみを散らします。

焼きりんご風サンド

182kcal

材料（2人分）

りんご…1/4個　　　　干しぶどう…6粒
ライ麦パン…2切れ　　ラム酒…小さじ1/2
バター…小さじ2　　　シナモン粉末…少々
砂糖…小さじ1

りんご

さぁ 作りましょう！

❶りんごは水で軽く洗います。タテに包丁を入れて4つ割りにし、1/4を使います。芯を取り除き、櫛形に4切れに切ります。

❷りんごを耐熱皿に並べ、ラム酒、砂糖の順でふりかけます。干しぶどうを散らします。

❸電子レンジで1分半（600w）熱します。

❹パンの上面にバターを塗り、りんごと干しぶどうをのせます。りんごから汁が出ていたらりんごの上にかけ、シナモンをふりかけます。

❺オーブントースターで3分弱焼いて出来上がりです。

りんごサンド

190kcal

さぁ 作りましょう!

❶りんごは水で軽く洗います。タテに包丁を入れて半分にします。半分を使います。さらに半分に切り分けて芯を取ります。これを4等分して櫛形の8切れにします。

❷ホカッチャの上面の対角線上に、斜めにそぐように包丁目を入れます。すぐ食べる場合は、直接リンゴを切れ目にはさみます(少し時間をおく場合は、切れ目にバターを塗ってください)。

❸クッキー型を使い、チェダーチーズをりんご型に抜いてりんごの上におきます。

材料（2人分）

りんご…半個
ホカッチャ…2個
チェダーチーズ…少々

干しりんごを作る

りんご…2個

さぁ 作りましょう!

❶りんごを洗い、1個はタテ半分に切ります。切り口を下にしてタテに3つの半月切りにして、6切れ作ります。1切れずつまな板におき、芯の部分をスプーン等で取り除きます。もう1個はタテに半分に切って、片方はヨコに6割りします。他方はタテに櫛形切り、16切れにします。同じように芯を取り除きます（6切れの方に、食べやすいように切り込みを入れました）。

❷ザル（干し網）に離して並べ、干します。晴れの日をねらって2日干してください。

干しりんごと
豚肉の赤ワイン煮

401kcal

材料（2人分）

干しりんご…ヨコ厚切り6切れ
豚肩ロース固まり肉…200g
すりおろし生姜…20g
赤ワイン…180cc
醤油…大さじ1
油…少々

りんご

さぁ 作りましょう！

❶豚肩ロースの固まり肉は、筋を切るようにして6切れにします。フライパンに少量の油を入れ、豚肉を両面にこげ目がつくまで焼きます。

❷小さめの鍋にりんご、豚肉を交互に立てて並べます。赤ワインを注ぎ、醤油、すりおろし生姜を入れて、落としぶたをしてからふたをします。

❸火にかけ、沸騰したらごく弱火にして15〜20分煮ます。こげやすいので、途中、汁があるかどうかを見ます。汁がたくさん残っていたら、ふたを取り、強火にして1分くらい煮詰めます。

干しりんごの酒友

83kcal

材料（2人分）

干しりんご…櫛形16切れ
食べる煮干し…10g
ピーナッツ…15g
塩…一つまみ

さぁ 作りましょう！

❶ ピーナッツは皮つきの場合、皮をむいておきます。フライパンを熱し、食べる煮干しとピーナッツをから煎りして、皿にあけます。

❷ フライパンをキッチンペーパーでさっと拭き、余熱で干しりんごを炒め、食べる煮干しとピーナッツをフライパンに戻していっしょに炒め、塩で調味します。

りんご

干しりんごパイ

289kcal

材料（2人分）

干しりんご…ヨコ6切れ
冷凍パイシート…1枚
バター…小さじ2
シナモン…小さじ1

さぁ 作りましょう！

❶パイシートを半分に切ります。バターは6切れに切ります。

❷オーブンシートの上で作業します。パイシートをオーブンシートの上におき、やわらかくなったら片方はタテ長に延ばし、もう一方は全体に大きく延ばします。

❸タテ長の方には干しりんごを下半分に3個並べ、上にバター3切れをのせ、その上に半量のシナモンをふりかけます。パイシートを延ばしながら2つ折りにして、重ねた部分にフォークの先を押しつけてしっかり閉じます。上の部分に3カ所包丁目を入れます。

❹全体に大きくのばしたパイシートは、真ん中に干しりんごを同じように3個並べて同様にします。パイシートの4隅を持ち、干しりんごの中心で4隅を合わせて閉じます。

❺オーブンを180℃に温めておき、20分ほど焼きます。こげ目が欲しい場合は、210℃に上げてもう5分焼いてください。

りんご

著者プロフィール

領家 彰子 (りょうけ しょうこ)

東京生まれ。フードコーディネーター・栄養士。
自然豊かな故郷を持たない東京育ち故か、国
内外を問わない旅行好き。果物・野菜好きも
こうじて、58歳にして東京農大短期大学栄養
学科卒業。2015年度までNPO野菜と文化の
フォーラム主催「野菜の学校：伝統野菜」の調
理を担当する。

果物おしゃれクッキング
簡単おすすめ105のレシピ

2016年7月20日 第1版第1刷発行

著者	領家 彰子
発行者	小番 伊佐夫
デザイン	平野 昌太郎
編集協力	本多 海太郎
発行所	株式会社 三一書房
	〒101-0051
	東京都千代田区神田神保町3-1-6
	Tel. 03-6268-9714
	Mail: info@31shobo.com
	URL: http://31shobo.com/

印刷・製本　中央精版印刷株式会社